NAYIB NARVÁEZ

AMOR ES EL PROPÓSITO

ELOGIOS

Nos pasamos la vida pensando en ella, pero nos olvidamos de vivirla por miedo a fracasar; y ante la derrota, es más fácil y cómodo quedarnos estáticos que levantarnos e intentarlo una vez más. Si estás cansado de transitar por las mismas luchas y sientes que no puedes con ellas, en Amor es el Propósito, Nayib Narváez te mostrará que lo importante no es la derrota, sino lo que haces con ella; te inspirará y enseñará con su historia de vida las claves para que puedas llevar una vida llena de esperanza, propósito y poder; poder que subyace en el amor de Dios.

FREDDY HERNANDEZ
Psicólogo. Magíster en Psicología Clínica. Fundador & CEO de Words of Hope; cofundador de Fundación Caminando por un Planeta Verde.

Al leer este hermoso relato, cargado de anécdotas e historias del día común, se me viene a la mente la honestidad con la que Nayib nos comparte bellas enseñanzas que sirven de ejemplo e inspiración para enfrentar, de una mejor forma, los obstáculos y poder superarlos. ¡Qué identificado me siento! Se convierte, para mí, en un libro inspiracional que motiva al emprendimiento. Muy recomendado para esta nueva generación de jóvenes. ¡Grande Nayib!

JAIRO MARTÍNEZ
Relacionista Público y personaje de Televisión

Hoy quiero expresar unas líneas desde el fondo de mi corazón a una gran persona, llena de ilusiones, con muchas cosas grandes para aportar a la vida de muchos seres humanos, que buscan encontrar un propósito para ser cada día mejores: en ti, querido Nayib, veo la capacidad de transformar vidas; este libro será el primero de muchos. Y que haya éxito en esta primera edición. Estoy muy feliz de formar parte de él. Te quiero mucho.

ELIZABETH CABARCAS
Fundación Semillas de Prosperidad

Determinación, humildad y amor... The number ten, como cariñosamente siempre lo he llamado desde cuando lo conocí. Eres un enorme ejemplo para todos nosotros. El respaldo y amor de Dios siempre están contigo y, además, logras trasmitir toda esa confianza a quienes te rodean. Tu vida inspira y, claramente, vemos que, aunque por algunos momentos padre o madre nos abandonen, Dios siempre va a estar ahí para darnos la mano y llevarnos a cumplir Su propósito en nosotros aquí en la tierra. Gracias por abrir tu corazón y compartir tu vida llena de grandes retos superados.

PEDRO LUIS BRUGES DÍAZ.
Living Room leader

Este libro es un antídoto para todo aquel que cree que no está a tiempo de triunfar en la vida. Desde mi posición de empresario y Life Coach, veo muchas personas tropezarse fuertemente con diferentes obstáculos que son muy desmotivantes y que impulsan a abandonar el camino al éxito. Nayib es un ejemplo de que nunca es tarde; y, por más desalentador que pueda ser el panorama, con la ayuda de Dios, siempre hay un as bajo la manga que puede catapultarte a una condición mejor de la que pensaste. Este libro me conectó de inmediato, como hace mucho otros no.

ANDRÉS CONSUEGRA
Living Room leader & CEO TRADING SOLUTIONS.CO

"Caer y aprenderse a levantar", puede ser lo más difícil de la vida, pero quienes lo logran son quienes triunfan; y luego están los que parecieran locos como Nayib, quienes deciden hacerlo como estilo de vida: se enfrentan, una y otra vez, a retos fuera de su alcance. Su estrategia siempre es caer, equivocarse, perder, para así superarse. Son quienes llegan más lejos que el resto, son quienes cambian vidas. Nayib ha tenido una vida de caídas; en Amor es el Propósito nos enseña cómo consigue siempre levantarse más fuerte.

NICOLÁS COSTA
Consultor de Empresas IT y Director Comercial de Koombea

La inspiradora historia de mi amigo Nayib, contada en el libro Amor es el Propósito, es la excusa perfecta para que grandes y chicos sean desafiados a ser su mejor versión. Fuerza, perseverancia y fe inquebrantable definen la carrera de este crack del emprendimiento, quien nos comparte en su obra un camino de aciertos y desaciertos, pero, ante todo, de lucha en medio de las dificultades; igualmente, nos presenta a Dios como su autor de vida y motor de su fortaleza. Deseo que este libro inspire a todo aquel que lo lea, para alcanzar sus sueños, sin importar lo difícil que parezcan.

KAREN PEÑA SEGURA
Emprendedor, coach y consultor de negocios

Desde mi óptica, una buena métrica del éxito de emprender, no sólo puede tener en cuenta el logro empresarial basado en ventas, sino cómo el propósito del emprendedor o de la emprendedora impacta positivamente el bienestar y la felicidad de sus clientes, a través del producto o el servicio que éstos le compran. Precisamente, Nayib Narváez es uno de esos emprendedores, del cual doy fe, quien tiene como propósito amar al prójimo mediante su actividad empresarial y lo lleva a cabo. ¿Cómo lo logra? Es precisamente una de las enseñanzas principales que esboza en su joven historia de vida y en su carismático libro Amor es el Propósito. ¡No puedes dejar de leerlo!

EDUARDO GÓMEZ ARAUJO, PH.D.
Profesor, investigador y consultor en Emprendimiento, Innovación e Historia Empresarial Escuela de Negocios - Universidad de Norte.

La vida de Nayib me motiva a cada día dar más amor por las personas, por mi trabajo y por mi familia. Amor es el propósito les ayudará a entender que la vida es un juego qué sin amor no tiene sentido. Estoy convencido de que este libro podrá cambiar la vida de las personas cuando encuentren que la fuerza que sobrepasa todo entendimiento viene por medio de encontrar el amor.

JEFRY OQUENDO
Bailarín Profesional
CEO & Co-Founder TuBailarin

Una conversación con Nayib siempre te aporta algo diferente. Cuanto más tengo la oportunidad de compartir con él, más me doy cuenta de que, detrás de toda esa madurez y entereza con la que afronta los eventos de la vida, hay algo mucho más grande y complejo. La parte fácil es empezar desde arriba y seguir creciendo, pero levantarse de situaciones adversas, de las que no te enorgulleces y, con base en ellas, permitir que otras personas cambien su perspectiva ante el fracaso, es realmente admirable. Me encanta poder decir que soy una de esas personas que fui testigo de su crecimiento; sobre todo, sabiendo que seguiré viendo mucho más.

CHRISTIAN CARVAJALINO
Director Loyal Network

Gastamos nuestra vida tratando de ser felices en cosas transitorias, en una vida sin pasión. Nayib Narvaez un Crack de la vida, apalancado en las dificultades para hacerlas de él sus fortalezas. Creo, tu partido apenas comienza y tiene tiempo extra. No solo llegarás a la final sino que serás el campeón porque nada en la vida que valga la pena, se ha conseguido sin pasión. En su libro El amor es el propósito nos muestra que el amor y la pasión por algo, lleva a los hombres más allá de las dificultades y de los fracasos.

RODRIGO DIAZ
Ing. Civil – Coach de Vida, Propietario Construark Proyectos S.A.S
Socio Conceptos

En la vida libramos batallas en las que solemos ver el favor de Dios, depende al resultado esperamos, pero este campeón, ha aprendido a mirar su favor en toda circunstancia; esto lo hace realmente un campeón.

No se trata de salir victorioso en todas las batallas que peleamos, o los proyectos que emprendemos. Se trata de mirar a Jesús y aprender a estar por encima de la tormenta, así como también por encima de la calma.

Nayo, tu búsqueda insaciable de algo más, es algo que contagia a los que te rodean, y estoy seguro que hará lo mismo en los que te leemos. ¡Felicidades!

BENJAMÍN CALDERON
Empresario & Profesional Tader

Todavía recuerdo el día que me enteré que Nayib se iba a Jugar fútbol en Argentina. Al ser Barranquilla una ciudad pequeña, la mayoría de mis amigos con los que crecí, lo conocían, y había todo tipo de rumores, la mayoría de ellos negativos acerca de su futuro en el futbol. Nunca olvidaré lo que en medio de esas conversaciones dijo un amigo; "Nayib es ese tipo de personas que si se le mete algo en la cabeza no va a parar hasta lograrlo, créanme él será un gran jugador de fútbol". Nayib y yo, en aquel entonces éramos apenas conocidos.

Pasó un tiempo, y las redes sociales no dejaban de impresionarme cuando veía sus avances. Luego, más adelante pude volver a encontrarme con él en un partido de fútbol entre amigos en Barranquilla. No sólo era un gran jugador, era quien daba las indicaciones, se veía su confianza, era otra persona, se había convertido en un gran líder.

Nos volvimos a alejar y depronto unos años después, Nayib ya no jugaba fútbol, pero era un empresario, conferencista y en ese momento escritor de su primer libro. Pasaron unos meses para volver a rencontrarnos en Livingroom, y fue él quien aunque llevábamos años sin vernos corrió a darme la bienvenida. Ese día me enteré de sus lesiones y su aventura por el fútbol, pero al mismo tiempo conocí de sus nuevas metas y propósitos.

Hoy en día entiendo que no necesitas ser campeón de un torneo de fútbol para ser realmente un ganador, ganar en la vida es una actitud, y podemos hacerlo en el fútbol, en la vida y en los negocios. Esa misma actitud, es la que puedo apreciar en ti en cada cosa qué haces y te propones en la vida amigo, Nayo.

Estás páginas sin duda desarrollarán en ti un apetito distinto por comerte la vida, desarrollarán en ti una actitud para ganar en cualquier aventura que emprendas, y lo que más me parece increíble es que Nayib reconoce de donde provienen sus fuerzas y es ahí donde para mi todo cobra sentido, Jesús.

SEBASTIÁN MONTOYA
Empresario & Speaker Internacional

DEDICATORIA

Estoy muy feliz de que estés iniciando este viaje conmigo, junto con todo lo vivido y lo que he descubierto en él. Espero que éste pueda ayudarte a encontrar, a través del amor de Dios, el propósito de tu vida, tal como yo lo hice. Puedo asegurarte de que empezarás a vivir los mejores días, así como yo los estoy viviendo. Sé que no ha sido fácil, pero puedo afirmar que el juego está por iniciar. Nunca olvides que Dios tiene un gran plan para ti; así que a meter muchos goles, prepárate.

Primeramente a Dios por darme las fuerzas para poder compartir todo lo que he podido vivir en mi vida; también por lo maravilloso en cómo Él me ha utilizado para llegar al corazón de otras personas.

A mí querida madre por ayudarme siempre en todos los momentos, por siempre protegernos y por siempre luchar por el bienestar de sus hijos. Mamá es mamá.

A mi abuelo Nayib, quien en el cielo está de fiesta. Este libro va dedicado también para ti. Gracias por tanto; sé que te alegras de todo lo que puedo hoy hacer en mi vida; sé que estás orgulloso.

A mi abuelo José, el hombre de 100 años, el hombre del siglo, por su sabiduría y por su gran amor. Te dedico este libro; y que Dios te regale muchos años más para disfrutar conmigo y con la familia.

A mis abuelitas (Elvia y Bertha). Su corazón sigue con- migo a pesar de que sus mentes se hayan ido. Sus memorias quedarán siempre en los latidos de mi corazón. A mí querido padre por las cosas positivas que ha podido dejar en mi vida, y por todo lo que Dios me pudo mostrar de aprendizaje a través de él.

AGRADECIMIENTOS

Escribir este libro ha sido un proceso para revivir todos mis momentos desde un pasado hasta hoy: conectarlos, analizarlos, recordarlos y llorarlos. Fue un trayecto paulatino para ir construyendo lo que ahora es una realidad. Dios me ha bendecido de una manera grandiosa por ponerme personas que me han ayudado a construir todas las locuras que se me pasan por mi mente. En Amor es el propósito he contado con el apoyo de unas personas fabulosas, quienes me apoyaron desde un inicio en la construcción de este gran sueño.

Primeramente, quiero agradecer a quienes han aportado sabiduría en mi crecimiento espiritual en mi vida. También a los diferentes empresarios por haberme capacitado, asesorado, guiado para hoy ser una persona organizada.

A ti, querida Ada Luz Paz, mi querida nana por ayudarme cuando muchos me dieron la espalda en esos días largos donde aprendía a caminar. Tú me llevabas al baño con calma cuando mis fuerzas iban recuperándose poco a poco.

Agradecer a todo el equipo de trabajo de mi marca por este trabajo que hemos realizado en Amor es el propósito. A Big Bang Marketing por su gran desempeño, siempre coordinando todo para que las reuniones fueran un éxito y que nunca se me escapara nada. Anthony Camargo por el fabuloso diseño en todo lo que hago. A mi gran editor David Sandoval por entender y aguantarme hasta altas horas de la noche.

A todos mis familiares, los cuales han aportado en mi crecimiento personal.

A todos mis hermanos del fútbol, con quienes pude compartir unos años inolvidables, momentos felices, momentos tensos, pero siempre amando a la "pecosa"; siempre los llevaré en mi corazón.

Gracias a todos los que aportaron para hoy poder mostrarle al mundo Amor es el Propósito.

Al conocer a Nayib Narváez, entendimos que era un joven emprendedor, listo para enfrentar al mundo desde una perspectiva diferente de como lo hacen los jóvenes de hoy; un joven que, a través de su experiencia, ha demostrado que las habilidades y la determinación van más allá de los fracasos.

Nosotras conocemos la historia de vida de este joven y amigo, y es de gran orgullo, alegría y satisfacción poder compartir con ustedes este gran libro.

Amor es el propósito es la prueba de que todos tenemos habilidades diferentes. Si piensas que no eres bueno para hacer algo en particular, no te preocupes: esfuérzate por descubrir en qué cosas sí lo eres, porque lo eres, y Nayib lo demuestra a lo largo de este libro.

En nuestras conferencias siempre enseñamos la funcionalidad del cerebro con sus tres hemisferios: izquierdo, derecho y central; Nayib logra articular estos, y de ahí emerge su éxito.

Por cerebro izquierdo podrás entender cómo este joven le coloca lógica y razonamiento a la vida, cómo enfrenta los retos y cómo analiza el futuro para emprender un nuevo camino, cuando las puertas se han cerrado. Por cerebro derecho conocerás cómo la motivación emerge de su corazón, de su alma y de la educación que tuvo de sus padres, y la forma en la que le añade ganas a cada reto, para poder levantarse y continuar en el camino. Por cerebro central, que es lo más importante para nosotras, encontrarás que la clave para superar cualquier adversidad, o circunstancia que no te permita avanzar, está en añadirle acción a todo lo que hagas y, sobre todo, tomarse el tiempo para descubrir los dones que Dios te dio para ponerlos en práctica.

Ten claro que tu tiempo no es el mismo de Dios; y que el momento y las oportunidades que consideras que no puedes dejar pasar, tal vez no son las que Él tiene preparadas para ti.

Además, en el desarrollo del libro, el autor reconoce la necesidad de anteponer lo humano, la familia y la gente sobre lo material, poniendo siempre a Dios como la base fundamental de todo.

Es así como Nayib sale a servirle a una juventud que tanto lo necesita, y a esos padres que tienen la oportunidad de poder transformar el futuro de sus hijos. Atrévete a leer esta historia; seguramente te identificarás con ella.

Karen, Daniela y Stephanie Carvajalino
Hermanas Carvajalino

AMOR DE LOS ABUELOS

Capítulo 1

Mimi (Elvia Rosa de Narváez), Nayo (Nayib Naváez Utria), abuelito José (José Alberto Isaza Lafaurie) y mi abuelita Bertha (Bertha de Isaza Zuluaga) son mis abuelos; ellos han marcado mi crianza. Qué difícil —ahora en mis recuerdos— debió ser para los demás que yo, desde muy niño, estuviera corriendo de aquí para allá, haciendo desorden por todos lados, gritando, molestando y siempre rompiendo las porcelanas de mi abuelita Mimi por estar pateando un balón de fútbol. De verdad que uno de niño, especialmente a esa edad de 7 u 8 años, era muy intenso o yo, tal vez, me excedía de intensidad.

Al inicio, cuando mis padres se casaron, mi papá se había retirado de la Policía Nacional siendo capitán, y mi mamá, por el embarazo, debió dejar la carrera de Derecho en la Universidad del Norte; aún no generaban altos ingresos para vivir en un apartamento propio o para pagar todas las cosas que eran necesarias, por ello, mi crianza fue donde mis abuelos maternos.

A decir verdad, no tengo muchos recuerdos de esos primeros años, pero sí sé que eran tiempos difíciles, porque mi papá quería salir adelante, no por el dinero de su familia ni por la familia de mi mamá —que tenía buenos ingresos y una posición social alta—, sino por su propia cuenta. Quizás por eso, después de retirado de la policía, empezó su carrera de Derecho. Él estudiaba por las noches, para poder, en el día, trabajar en lo que él quería, ganar su propio dinero mientras mi mamá se recuperaba de mi nacimiento y se dedicaba a mi crianza.

Pasar unos años donde mi abuelos maternos fue una época bien linda, me cuenta mi mamá: mis tías, mis abuelos paternos y maternos se juntaban siempre para atenderme; la felicidad era impresionante: era el primer hijo de mis padres y el tercer nieto de mis abuelos maternos y, por otro lado, el primer nieto de mis abuelos paternos; yo era, como decimos aquí, "el pechichón". Mi abuelo Nayib, el papá de mi papá, nos dio un apartamento en el edificio de la familia llamado Tanurín —haciendo referencia al pueblo de El Líbano donde mi bisabuelo había nacido—. Ahí viví con mis padres un par de años hasta que, un tiempo después, mi papá comenzó un negocio importante que le generó altos ingresos; de ahí, pues, pasamos económicamente a otro nivel: mi papá quería comprarle a mi mamá un apartamento nuevo y todo lo que ella quisiera para decorar la casa: con muebles nuevos, cocina, electrodomésticos, todas las cosas.

Así fue. Nos mudamos a otro apartamento cuando tenía nueve años. En este nuevo apartamento empezamos con todo nuevo: era un edificio recién terminado y todo era fabuloso; ya tenía amiguitos de mi misma edad y me sentía muy feliz por poder compartir y jugar fútbol, a los superhéroes y todo lo que hacen los niños en un mundo sin problemas y sin preocupación. Luego, a esa misma edad, comencé a darme cuenta que mis amigos del colegio —en el Colegio Hebreo Unión estaban muy felices porque comenzaban a tener hermanitos, y ya no podían salir a jugar porque sus padres estaban siempre cuidando al nuevo integrante de la familia que había nacido; me daba mucha alegría pero al tiempo rabia, porque no tenía con quién jugar. Ahí fue cuando armé la cantaleta a mis padres que tenían que llamar a la cigüeña y pedirle un hermanito, porque yo lo quería para poder jugar (sin duda, era bien fácil decirlo). Cuando empecé con este tema, no hubo un solo día en el que no me detuve de decírselo a mis padres: que me dieran el número de la cigüeña porque necesitaba hablar con ella; entre llantos y pataletas, recuerdo la frase de mi querida madre: «Nayo, la cigüeña no puede; en estos momentos se encuentra ocupada». Yo, muy molesto, le dije: «No, no, no. Yo hablo con ella, mamá; le voy a pedir un hermanito, lo quiero, lo quiero, quiero jugar con mi hermanito porque no tengo con quién». Mi mamá me respondió, después de un suspiro: «Hijo, en estos momentos no se puede, algún día entenderás por qué». Y ciertamente yo no sabía qué sucedía.

Unos años después me encontraba viviendo donde mis abuelos maternos. Era un ambiente demasiado familiar; por ejemplo, cuando era la hora de la comida, todos estábamos en la mesa, nadie podía comer en el cuarto, todos estábamos juntos, veíamos el noticiero unidos. ¡Qué linda rutina! A pesar de lo inquieto y travieso que era, el amor de mis abuelos era impresionante: siempre los vi felices por estar con sus nietos (conmigo y con mis primos), estaban al tanto de nuestras comidas o si, por otro lado, estábamos molestando, o si nos encontrábamos bien. Muchas veces trato de ponerme a pensar qué sentían ellos hacia nosotros.

Hablar de mis abuelos (a pesar de que a veces nos regañaban porque saltábamos de las sillas o en las mesas de vidrio, pegarle a los panales de abejas y muchas más cosas locas) es reencontrarme con el amor que siento por ellos y no tener palabras para describirlo. Algunos momentos no podría imaginar la felicidad de ellos al vernos crecer. Constantemente se me pasaba por la cabeza de niño: «¿Qué sería de nosotros sin nuestros abuelitos?». Era común escuchar que debíamos aprovechar a los abuelos, quienes ya estaban viejitos (imaginar la muerte, sin saber en realidad lo fuerte que es una partida de un familiar), y esto era complicado pero, de igual manera, pensábamos en qué sería de nosotros sin ellos. En un sinnúmero de veces, lágrimas salían o eran gritos de espantos por que ellos nos dejaran: «No, no, no, abuelito, abuelita, nunca nos dejen, ¡los amamos!». Pero ellos, hermosos y sinceros, como siempre, nos decían: «No, mijos, tranquilos; nunca los dejaremos, siempre estaremos con ustedes».

Con el pasar de los años, me di cuenta de que el amor de los abuelos hacia nosotros era muy grande. Nos vieron nacer, crecer, vieron sus sueños no cumplirse, pero con la esperanza de que nosotros pudiéramos realizarlos. En cambio, nosotros —y especialmente yo— veíamos en ellos seguridad, tranquilidad, un amor sincero, sabiduría, muchas cosas que hoy en día, de adulto joven, las puedo identificar; antes simplemente sentía una felicidad y una paz sólo por estar con ellos, por estar a su lado. Si mis abuelos me amaban tanto y me lo demostraban a diario y a todo el resto de la familia, ¿qué tanto me amaba Dios?, me preguntaba varias veces. Si mis abuelos maternos me amaban, y era imposible negarlo, definitivamente el amor de Dios superaba todo eso, ¿no? A esa edad me lo preguntaba; lo más seguro era que no tenía respuestas para eso en ese instante, pero después pude saber cuál era.

Definitivamente ese amor de parte de ellos es muy sincero, cuánto los quiero, cuánto los amo. Frecuentemente no les decimos estas cosas a nuestros seres queridos porque pensamos que siempre van a estar con nosotros, y se nos olvida manifestar el amor que les tenemos, lo mucho que nos han enseñado, lo mucho que nos ayudaron; en mi caso, sentirme seguro en sus brazos y encontrar la tranquilidad que no hallé en mis padres, por el momento complicado en el que estábamos, pero que no entendía aún. Y no lo entendía del todo porque el amor de mis abuelos era tan grande que hacía que se me olvidara todo al estar con ellos.

En el caso de mi familia materna, no puedo dejar por fuera a una persona muy importante que marcó mi infancia y mi vida. Hasta el día de hoy todavía lo hace y a veces, siendo muy sincero, por haber crecido y estar pensando en mis cosas, no le he dicho todo lo que he querido, como agradecerle por todo lo que hizo y ha hecho siempre en mi vida: mi tía Patry.

Mi tía me limpiaba cuando me ensuciaba, me ayudaba en los desastres de comida; Patry siempre estuvo ahí. Ella ha sido esa tía que ha estado conmigo en todo, a pesar de que yo, ciertas veces y con pena al aceptar, no he estado. El amor de Patry, mi tía, ha sido muy grande: se ha dedicado a cuidar a sus padres, a darle lo mejor de ella como hija a mis abuelos. Siempre ha estado pendiente, mi tía le encanta enseñar, compartir con niños, ha trabajado siempre en esto; la vida de Patry gira en torno a dar amor, un amor tan sincero, un amor pensando en los demás, un amor amando al prójimo así como ella se ama. Patry es una mujer que no le desea el mal a nadie; mi tía me ha demostrado qué tan grande puede ser el amor, y hoy me doy cuenta de eso con todo lo que me ha amado y con todo lo que me ama. Tía Patry, definitivamente tu amor ha sido tan importante que estar a tu lado era dormir tranquilo. Te amo, Patry. Gracias por todo lo que has hecho siempre en mi vida, tu amor es una enseñanza a un amor tan sincero y lo importante que es la familia.

Al vivir con mis abuelos, me encontraba estudiando en otra institución: Colegio Elena Duque. Quien le daba el nombre al colegio era una gran mujer; ha sido indispensable y muy querida, desde muchos años atrás para la familia materna; y para mi tía Patry, como una segunda madre. Elenita como le decimos cariñosamente considera a mi tía como una hija.

Estando en esta nueva institución, pude disfrutar convivir con mis abuelos en su etapa de pensión laboral; con mi abuelo Nayo y mi abuela Mimi podía tener siestas luego del almuerzo (fundamental para ellos el descanso a esta hora), o ver novelas o hacer las tareas del colegio que estaban pendientes en ese día. Mimi se dedicó, igualmente, a los oficios caseros: cuidaba y velaba por todo; no se le escapaba nada; incluso con Maritza nuestra querida empleada del servicio, que llevaba 20 años trabajando con ellos se convertían en un dúo impresionante. De hecho, era normal ver que discutían por cosas tan extrañas como qué cuchara usar o no. Es complicado entenderlas pero, bueno, era muy chistoso ver todos los días ese conflicto, esas risas y todo lo que pasaba en la cocinacreo que era el lugar preferido de mi abuela, donde surgían miles de historias de lo que es el amor de los abuelos. En cuanto a mi abuelo Nayib, él se la pasaba en el cuarto descansando, leyendo, escuchando radio todo el día, desde las 5 am. Que ese radio sonara tanto, me hace ahora preguntarme cuál era la emisora que tanto ponía mi abuelo; era un fastidio. Mi abuelo estaba tranquilo en su cuarto siempre esperando su comida, pendiente de leer, de sus amistades médicas; y mi abuela, feliz en la cocina con Maritza, llamando a sus amigas gran parte del día en el teléfono y atenta a mi abuelo. Este amor en pareja me resulta impresionante: un amor de hasta que la muerte los separe, porque más allá de ser pareja, eran amigos, eran uno en realidad, se conocían perfectamente, sabían todo del otro. Era hermoso ver, compartir y disfrutar eso. No obstante, empezaba a darme cuenta de que algo estaba fallando: el amor de los abuelos no era igual en mi padre y mi madre.

Mi abuelo me amaba tanto que pensaba que cuando se muriera, o antes, quería verme realizado en todas las cosas de mi vida, en lo que yo soñara o, de pronto, en lo que él soñaba para mí. Mimi se preocupaba del día a día, ella daba todo su amor para que no me faltara qué comer. Para mí era una crack en eso de cocinar.

¡Qué comidas preparaba! Le encantaba lucirse cocinando para que toda la familia estuviera feliz a la hora del almuerzo y hubiera un unánime agradecimiento.

Esa era su felicidad: que nosotros nos sintiéramos y estuviéramos bien, y que ella, con esto, pudiera estar tranquila y realizada.

Aprendí que el amor verdadero era realizar todo tal como mis abuelos lo hacían; sin importar en qué situación estuvieran, ellos todo lo hacían con amor. Dios es bueno. Siempre lo ha sido. Siempre me amó primero, antes que mis abuelos. De esto me fui dando cuenta poco a poco en medio de las circunstancias de la vida. Al ir creciendo, como a mis 13 años, de repente empezaron a venir unos miedos recurrentes a mi vida. Ahí pude ver que el amor de los abuelos ya no era suficiente. Empecé a sentir, por los problemas de mis padres, una soledad, un miedo. Sentía que me iba a morir. Cada noche me encontraba muy inseguro, a pesar de que mis abuelos estuvieran ahí. Cuando ellos dormían —muy temprano, por cierto—, y yo no alcanzaba a conciliar el sueño, era imposible acostarme a dormir plácidamente: era recurrente tener ganas de vomitar, tenía fiebres, temblaba, y estaba sugestionado con cualquier enfermedad de moda que podía ver en las noticias; a tal punto que pensaba que estaba contagiado de algo o empezaba a sentir síntomas por todos lados. ¿De dónde venía mi soledad y los repentinos achaques? ¿Por qué me estaban pasando todas estas cosas? En ese entonces era un muchacho feliz en la calle, pero al llegar a casa, y todo se ponía oscuro, no sentía la felicidad que sí vivía cuando el sol estaba en su punto máximo.

Mimi constantemente me preguntaba que si todo estaba bien, pero yo no era capaz de decirle nada; cargaba con ese peso solo, y se iba alimentando esa inseguridad en mí. Siempre pensé que podría ser algo pasajero. En las noches, cuando ese miedo y esa inseguridad se apoderaban de mí, corría a meterme en la mitad de la cama de mis abuelitos, para que, antes de que acostaran, ya me encontraran dormido. Si eso no ocurría, sabía que el temor y todas las cosas que me pasaban en la noche no las iba a poder controlar; sin embargo, tampoco les iba a decir lo que me sucedía en ese entonces.

En el momento del colegio todo me parecía felicidad porque me divertía jugando al fútbol, entrenando este hermoso deporte, corriendo de un lado para el otro con mis compañeros; sin duda, todo era felicidad. No obstante, cuando llegaba a la casa de mis abuelos y eran cerca de las 6:00 p.m, cuando oscurecía, nuevamente un miedo se apoderaba de mí; el amor de mis abuelos podía quitármelo mientras estuvieran despiertos, si no, cuando descansaban, los despertaba insistentemente hasta que me pudiera dormir otra vez; allí era cuando llegaba mi tranquilidad, y así supe que mis abuelos podían atenderme todo el tiempo mientras estuvieran despiertos. De esta forma, poco a poco, iba cargando con esto, y cada vez el antídoto tenía que ser más y más grande, porque el problema crecía y crecía en mi interior. Necesitaba algo más grande que el amor de mis abuelos para ese problema que estaba cargando en mi interior, que me resultaba, muchas veces, imposible de controlar; en realidad, entre vómitos para tranquilizarme, no entendía qué pasaba.

Luego empezaron las pesadillas. Estas hacían que despertara a mis abuelos porque reaccionaba preocupado. Ellos seguían sin saber qué ocurría porque no quería preocuparlos. De un momento a otro, en otro cuarto del apartamento de mis abuelos empecé a hacer mis tareas solo. Ya había crecido un poco más, aunque las pesadillas hacían que yo me levantara en la noche, y asustado me fuera corriendo a meterme en el medio de ellos, para poder dormir y al día siguiente ir al colegio.

En la mayoría de clases en el colegio no asistía porque estaba jugando al fútbol, o por estar en la cafetería comiendo o, tal vez, durmiendo porque en el día podía hacerlo tranquilo, pero en la noche era cuando se presentaba el verdadero problema. Las pesadillas empezaban a aumentar. Tenía sueños raros: soñaba que estaba en un bosque oscuro, lleno de árboles grandes donde se escuchaban muchos lobos aullando. Tenía un miedo impresionante como si algo viniera hacía a mí. Trataba de gritar y no podía; trataba de saber dónde estaba, pero lo desconocía; trataba de analizar todo el panorama, pero no encontraba una salida. Cuando miraba atrás, una sombra, una apariencia grande venía por mí, y yo trataba de correr y de correr pero no podía. Cuando esa presencia ya estaba a punto de agarrarme, me levantaba asustado, entre sudor y agitación y corría, sin hacer mucho ruido, a meterme cuidadosamente donde mis abuelos para estar tranquilo. Indudablemente, Mimi se daba cuenta. Entre ojo cerrado y ojo abierto me preguntaba: «¿Qué pasó, mijito?». Y yo le respondía: «Nada, abuelita, una pesadilla. ¿Puedo dormir contigo?». «Duérmete tranquilito, mijito». Ahí la abrazaba y descansaba en sus brazos. Sin embargo, mis sueños, en general, ya no eran tranquilos. Ellos se levantaban muchas veces de la cama, y eso me daba angustia. Deseaba que no lo hicieran tanto para poder dormir un poco más confiado. Otro sueño que tuve tenía que ver con encontrarme durmiendo en un cuarto muy oscuro. De repente, había llamas y fuego que aparecían por todos lados. Yo no me quemaba, pero el humo sí hacía que me sintiera sin respiración. Intentando respirar, podía despertar lleno de sudor; nuevamente corría al cuarto de mis abuelos para descansar.

Mimi comenzó a notar que esto era muy frecuente. Ella empezó, antes de dormir, a dialogar conmigo hasta que yo pudiera hacerlo. Al principio, se quedaba conmigo; luego, empezó a confiar en que, cuando yo me durmiera, ella pudiera irse al lado de mi abuelo. Sin embargo, esta situación me dejaba inseguro, y no podía dormir como las noches anteriores lo hacía o como en realidad yo quería descansar. Un día me atreví a hablar con mi abuelo y decirle lo que sucedía. Él, por ética profesional era médico psiquiatra, dijo que no podía atenderme, pero sí veía que necesitaba un psicólogo; me llevaría donde un amigo de él. Ir a la cita fue casi un escándalo porque mi mamá, que se encontraba en Bogotá, me llamaba a preguntar que si estaba bien. Ella notaba que yo la estaba pasando mal. A la cita me llevó mi papá. Paradójicamente, fue muy enriquecedor hablar con esa persona, me sentí muy seguro hablando con él. Aun así, aunque todo fue excelente, las pesadillas no cesaban: soñaba que me iba a morir, soñaba que algo grave tenía, y los pensamientos recurrentes no paraban de llegar a mi cabeza. El miedo continuaba creciendo y creciendo. Era habitual tener luchas de pensamientos como: ¿Por qué no empezar una vida nueva? ¿No es mejor morirme si tengo muchos problemas? ¿Estoy solo en esta vida? ¡Nadie me quiere! ¡Tienes miedo porque no sirves para nada!

¡Eres un mal estudiante! ¿Cuál será mi futuro si me va mal en el colegio? ¡Te irá muy mal porque sólo teniendo buenas notas tendrás trabajo! ¿Estoy enfermo? ¡Sí, sí, sí lo estás! ¿Estos síntomas son porque tengo una enfermedad? ¡Definitivamente sí la tienes! ¿Por qué me pasa todo esto? ¡Porque lo mereces! ¿Y por qué? ¡Porque eres malo! ¿Yo, malo? ¡Sí, tú! Pero, ¿por qué? Si lo único que he hecho es ser un buen niño y amar a mis abuelitos. ¡Ellos no te aman! ¡¡¡CLARO QUE SÍ ME AMAN!!!, gritaba. ¿Seguro? ¿Por qué te dejan solo?

¿Por qué se duermen primero que tú? Date cuenta de que no te quieren o ¿sí? Los días empezaban a tornarse más tensos. Esas conversaciones en mi cabeza no paraban, no entendía de verdad nada, no sabía qué hacer solo era buscar a Mimi y a mi abuelito Nayo para que me tranquilizaran.

Amigo, amiga, ¿alguna vez te has sentido así? ¿Has luchado con pensamientos en tu mente? O ¿alguna vez has tenido estas conversaciones en la mañana o durante el transcurso del día? Todo esto, de verdad, intentaba que me alejara del propósito que en realidad quería: ser un muchacho feliz, disfrutando con mi familia, con mis amigos, sin preocuparme de nada. Dios quiere eso para nosotros. Él quiere que estamos tranquilos en su presencia, así como yo me encontraba con mis abuelos mientras ellos estaban despiertos. Dios no duerme. Acordarme de mis abuelos es encontrar seguridad siempre en ellos; es encontrar ese amor transparente. Gracias, abuelos, porque ustedes demostraron hacía mí un amor sincero, un amor precioso, me demostraron lo que es una pareja, me demostraron lo que es la amistad entre ustedes. Mis abuelos son un ejemplo a seguir para los miembros de la familia. Me siento muy privilegiado de haber compartido tanto con mis abuelos, porque aprendí mucho de ellos y, de verdad, no me cabe la menor duda de que el día que tenga nietos, tengo que contarles las historias de los grandes abuelos que tuve, y todo lo que pasaba durante la cocina con Mimi y Maritza; son únicas, en serio.

¡Gracias, amor de los abuelos!

UNA FAMILIA JUNTA PERO NO UNIDA

Capítulo 2

*«Grábate en el corazón estas palabras que hoy te
mando. Incúlcaselas continuamente a tus hijos.
Háblales de ellas cuando estés en tu casa y cuando
vayas por el camino, cuando te acuestes
y cuando te levantes».*
(Deuteronomio 6:6-7)

Cuando nos pasamos a vivir al nuevo apartamento que mi papá, había comprado con el dinero que había ganado (año 1999), él quería hacerle realidad el sueño a mi mamá, que era comprar todo nuevo, y así fue. También empezamos, entre los tres, a darnos unas vacaciones a los Estados Unidos a disfrutar de los parques de Disney; era un plan bastante familiar, parecía la familia perfecta, a pesar de que mi papá le tenía un poco de miedo a esas atracciones mecánicas y, en cambio, mi mamá era adicta a la adrenalina; por mi parte, pude ingresar a lo que era permitido según mi estatura y edad. Era muy niño para recordar exactamente todo, pero las fotos ese viaje son fabulosas que me hacen rememorar gratamente. De estas cosas, algo que sí es cierto, y que actualmente me encanta, son los dulces aprovecho comer bastante dulce, especialmente los domingos que es el día de descanso para mí y no suelo hacer ejercicio—, y mi mamá me decía que yo quería que me compraran todos los dulces y comerlos el mismo día; ella, por su lado, tenía que esconderlos; me ponía muy intenso, pero ella me los daba en la medida correcta, porque todo en exceso es malo.

Luego, cuando regresamos de los Estados Unidos, mi papá dijo que quería ir a San Andrés —en el Caribe colombiano—, pero que, por cosas laborales, no iba a poder. Él, entonces, propuso que fuéramos con mi Tía Nadime —su hermana— y su esposo Vicente: ellos andaban de vacaciones en Colombia y se pudo planear el viaje. A esa edad no podía entender con claridad que algo raro estuviera pasando, teniendo en cuenta la ausencia de mi padre; aun así, disfruté esta nueva salida. Al llegar de San Andrés, nuevamente me daba vueltas en la cabeza llamar a la cigüeña; no se me había olvidado que necesitaba pedirle un hermanito porque no tenía con quién jugar, o que, en el colegio, mis compañeros de clases manifestaban su alegría con sus hermanos; por ello, empecé mi plan para no dejar tranquilo a mis papás hasta que se comunicaran con la cigüeña.

Siempre que le hablaba a mi mamá sobre el tema, mi mamá me respondía, cada vez más fuerte: «Hijo, no creo que la cigüeña pueda traer a un nuevo miembro porque la situación está complicada, y la cigüeña está enredada». Yo no entendía qué trataba de decir mi mamá, pero a mí no me importaba. Mi madre ciertas veces lloraba, sin que yo supiera, a ciencia cierta, qué sucedía. De repente, en las noches, ya empezaban a escucharse gritos, peleas, discusiones un poco fuertes, mientras que yo estaba en mi cuarto encerrado viendo la televisión en mi mundo de fantasía, hasta que una vez empecé a sentir algo que no deberían experimentar los niños: preocupación por tantos gritos que me hacían correr desde mi cuarto hacia donde escuchaba los ruidos: la sala cerca del comedor, generalmente. Una de las escenas que no se me olvida ha sido cuando vi a mi mamá y a mi papá gritándose: podría repetir toda la conversación exacta porque los gritos y la preocupación o el susto no me dejaban concentrar porque yo sólo quería que se detuvieran para poder jugar tranquilo. Pero ese cuadro no se me olvida, mi madre le lanzaba a mi papá lo que encontraba a la mano; mi papá, por su lado, le gritaba que estaba loca, que eso era mentira, y mi mamá le decía que se fuera de la casa, que ya no iba a aguantar lo que él había permitido: que se metieran en su familia, en meter la envidia y el odio externo en una familia de amor, que no lo iba a perdonar porque la había humillado.

¿A qué se refería mi mamá con todo eso? No entendía y simplemente salí corriendo a defender a mi papá y a abrazarlo. En un momento le grité a mi mamá: «¡MAMÁ, MAMÁ!, paren, paren, mi papá es bueno. Mami, mi papá es bueno». Mi madre al escuchar mi voz de un niño asustado entre lágrimas, más lloraba. Su fuerte llanto de ese momento todavía hace que me dé escalofríos, de solo recordar esa fuerte escena. Esa misma noche, mi papá se fue de la casa. «Ay, hijo, algún día entenderás. Algún día entenderás estas lágrimas de sangre de tu madre», me dijo mi mamá. ¿Lágrimas de sangre? «Mami, pero si las lágrimas son agua; yo no veo que estés sangrando». Ella, cuanto más le decía eso, desde mi inocencia, más lloraba. Su llanto ya no era de rabia, sino de una tristeza enorme. Ella me abrazaba y me aseguraba que todo iba a estar bien.

Los días siguieron pasando y cada vez en las noches, sin que mi papá estuviera, se escuchaba a mi mamá discutiendo al parecer sola, pero gritaba al teléfono y colgaba. El teléfono no paraba de sonar y mi mamá lo desconectaba. Luego la veía llorando, sin saber la razón de su tristeza, yo le preguntaba qué había pasado o por qué estaba triste. Ella lloraba y guardaba silencio. Yo le decía que ella no estaba llorando sangre, mientras le quitaba las lágrimas con mis manos. Ella me decía que no pasaba nada y que algún día entendería qué ocurría. Como estaba muy pequeño, sólo pensaba en mi mundo de juegos, no me preocupaba mucho aunque, poco a poco, las noches me empezaban a dar algo de miedo porque en cualquier momento mi mamá podría empezar a gritar o habría enfrentamientos entre ellos.

Luego, un tiempo después, todo cesó. Todas las peleas, todos los gritos se habían detenido y empecé a ver un poco más de felicidad. Una noticia de mucha alegría llegó a la casa: ¡La cigüeña venía a traerme un hermanito! ¿No les parece fabuloso? Venía de muy lejos a traerme lo que le había pedido; es decir, mi mamá me hizo caso: se tomó el trabajo de llamar a la cigüeña y, bueno, había que esperar nueve meses para recibirlo. «¿Nueve meses, mamá?» —eran muchos días para mí—. «Mamá, ¿pero por qué la cigüeña se demora tanto? Dile que traiga eso rápido, ¡ella puede volar! La cigüeña es rápida, ¿no? Ella no se demorará trayéndolo». «Hijo, lo que pasa es que ella tiene que comprarle la ropa, tiene que hacer muchas cosas para así poder traerlo hacia nosotros». De verdad que me encontraba muy emocionado porque, a pesar de que eran muchos días, ya venía en camino mi hermanito y lo iba a esperar feliz. A partir de ahí, las visitas de las amigas de mi mamá y de familiares no se detenía. La casa siempre estaba llena recibiendo personas y todos estábamos muy felices con esa gran noticia. Al pasar un par de meses, ya le empezaba a salir una panza. Cuando le tocaba la panza, le decía: «¡Estás gorda!». Ella se reía y me decía que estaba comiendo mucho. Yo le acariciaba la panza y le hacía muecas en su barriga, pero no sabía que ahí dentro estaba el regalo más preciado que Dios nos puede dar (Salmos 127:3).

Mi mamá no paraba de comer. Esa panza crecía y crecía con el pasar de los días. Yo la regañaba porque ella comía mucho y ya no podía caminar y jugar conmigo como siempre, porque estaba cansada: «Estoy en modo de reposo», me decía ella. ¿Cómo así modo de reposo? La cigüeña se estaba demorando y ya empezaba a preguntarle, después de 5 o 6 meses (muchos días para mí), qué era lo que estaba pasando con esa ave que estaba volando muy lento con mi hermanito. ¿Se le habría olvidado? ¿Se le habría caído de la bufanda mi hermanito, y habría caído en el mar? Mi mamá me decía que ya faltaba poco.

Estos días fueron muy tranquilos, pero algunos meses después, nuevamente, empezó lo que alguna vez tanto me atormentó y me causaba muchas lágrimas, sin saber qué sucedía. En las noches empezaba el teléfono a sonar y sonar. Mi mamá lo contestaba y gritaba de la rabia hasta que lo tiraba. ¿Qué estaba pasando? ¿Por qué otra vez empezaba esto? ¿Qué era lo que sucedía? ¿Mamá nuevamente estaba llorando lágrimas de sangre? No, no, simplemente eran lágrimas de agua, un poco saladitas por cierto. Cuando mi papá regresó, él se encontraba trabajando mucho y siempre llegaba muy tarde incluso había noches que no llegaba. En esos casos, algunas tías venían y se quedaban con ella para acompañarla porque, por su estado, no podía hacer algunas cosas habituales. Un día cualquiera, mientras jugaba en mi cuarto, pude escuchar unos gritos de mi mamá que me hizo que el corazón se me acelerara hasta el pánico. Mi mamá, desde el corredor, le arrojaba a mi papá lo que encontraba, y él le decía que se calmara:

—¡Ligia, cálmate! ¡Ligia! ¡Ligia, te puede dar algo!

Mi mamá lloraba y lloraba, y tampoco paraba de gritar. Estas peleas no se detenían. Los días pasaban y mi mamá le decía a mi papá que no volviera, que el hijo que venía en camino no se lo merecía porque era un mal padre, un mal hombre. ¿Mi papá mal hombre? No, para nada. Mi papá me traía todos los dulces, me traía juguetes, mi papá me compraba y me ayudaba en todo lo que quería. Mamá, mamá, mi papá es muy bueno. ¿Por qué dices eso, mamita? Mi mamá no dejaba de llorar y llorar, y en silencio se quedaba. Definitivamente algo que valoro de mi mamá es que en mi niñez, pese a todo lo que sufrió y el dolor que sentía con mi padre, no me inculcó su tristeza. Ella permanecía en silencio y su dolor se lo aguantaba, lo reprimía pero seguía enfureciéndose; con esa barrigota —pensaba en mi mente de niño—, podía explotar y destruir toda la casa.

Por fin, después de muchos días —un montón de días—, nueve meses, la cigüeña había traído a mi hermano. Lo habían llamado Habib Alberto. ¡Qué felicidad! Tanto había esperado y ya tenía un hermanito; ya presumía de él en el colegio, y su cuarto estaba todo decorado, lleno de juguetes, lleno de visitas, era impresionante todo lo que le compraron. Tantos juguetes y tantas cosas que ni podía usar, y aún no podía siquiera hablar; todo me parecía raro. La gente no se detenía de visitar y felicitar a mi mamá; sin embargo, nadie podía entrar al cuarto con comida, todos usaban tapabocas, porque él permaneció un tiempo en Cuidados Intensivos por unas complicaciones respiratorias, pero gracias a Dios fue sano (Isaías 53:5).

Mi hermano estaba bien bonito, se convirtió en el cariño de todos; era muy chévere ver todo eso. Hasta que, con el pasar de los días, la atención iba sólo para él y para mí no: ya no me compraban tantos juguetes, ya no jugaban conmigo, mi mamá todo el día y la noche estaba dedicada a él; me moría de celos, me enojaba, ya lo que había pedido a la cigüeña, lo que tanto había rogado, me producía rabia, me sentía sólo, me sentía abandonado hasta por mi propia familia, y en mi propia casa todos iban para el cuarto de él y ya a mi cuarto nadie quería venir a jugar. Entonces mi distracción fue el fútbol; así me distraía para no caer en la cuenta de que todos le prestaban atención más a Habib que a mí. Hoy entiendo que eran cosas de niño, y que mi amor por mi hermano es invaluable, pese a los errores que quizás pueda cometer. A pesar de todo, Habib trajo a la casa una felicidad y una bendición para mi vida, y aunque fue un embarazo complicado —por todas los malos ratos que hubo—, para mi familia también fue una bendición la llegada de mi hermano.

Un día, después de dos años del nacimiento de mi hermano, mi mamá me estaba llevando al Colegio Hebreo Unión y se fue para donde su madre, mi abuelita Bertha. Mi papá había estado en un sepelio. Cuando salí del colegio mi mamá pasó por mí: estaba llorando, estaba muy asustada y se encontraba en un estado un poco ansioso, porque una mala noticia había acontecido: el apartamento se había incendiado completamente: todo quedó negro, las cosas materiales se habían dañado: los televisores, los muebles estaban todos quemados, la cocina; fue un caos según las fuentes de los vecinos y el cuerpo de los bomberos. La historia del incendio comenzó cuando nuestras empleadas de servicio se encontraban enfermas, eso hizo que mi madre contratara, por un par de días, a unas personas que la ayudaran en el aseo, la limpieza y demás asuntos de la casa. En el cuarto del servicio, que quedaba dentro de la cocina, la plancha quedó conectada hasta sobrecalentarse; esto logró que ésta explotara. Ahí empezaron las llamas a invadir toda la casa, que iban quemando todo poco a poco. La mayoría no estábamos allí, pero mi papá se encontraba en el cuarto de Habib; sin embargo, mi papá, luego de llegar del sepelio, decidió descansar ahí, mientras que toda la casa se encontraba en fuego, fuego puro. De repente, algo hizo que mi papá se pudiera despertar de ese sueño profundo. Cuando él abrió la puerta para salir, porque sintió algo que no estaba bien, dijo que fue la primera vez en su vida que vio el propio infierno en frente de sus ojos. Abrió la puerta y todo era oscuridad, humo y llamas. Él cerró la puerta y trató de buscar una salida, pero se encontraba en un segundo piso del apartamento, y la única forma de poder encontrar una puerta eran las ventanas, es decir, tirarse hacia el parqueadero. Mi papá pretendía tirarse con el colchón, pero cuando lo iba a hacer, los vecinos y los bomberos pudieron romper la puerta para apagar el fuego y así rescatar a mi papá, quien se encontraba ya en la ventana a punto de saltar para salvarse.

La casa se encontraba toda negra, las cosas materiales se había quemado, todo se había perdido, y, para completar, el seguro de la casa una semana antes se había vencido y mi papá no vio el afán de pagarlo. A pesar de todo, la vida de mi papá se encontraba a salvo que era lo más importante, también la del resto de la familia. La noticia nos cayó de sorpresa porque al llegar y ver todo así, fue muy fuerte para mis padres: era el sueño que mi papá le había dado a mi mamá, todas las cosas que le compró, todo lo que había planeado. Se perdieron muchos millones de pesos, pero eran cosas materiales que tarde o temprano se podían llegar a recuperar. Como les decía, la casa se encontraba en un estado impresionantemente triste, todo estaba oscuro; la verdad, parecía el propio infierno, así como mi papá lo mencionó; pero al cuarto de mi hermano Habib no le sucedió absolutamente nada: ni una mancha.

Salmos 91 (NTV)

Los que viven al amparo del Altísimo
 encontrarán descanso a la sombra
del Todopoderoso.

Declaro lo siguiente acerca del Señor:
Solo él es mi refugio, mi lugar seguro;
él es mi Dios y en él confío.

Te rescatará de toda trampa
y te protegerá de enfermedades mortales.

Con sus plumas te cubrirá
y con sus alas te dará refugio.

Sus fieles promesas son tu armadura
y tu protección.

No tengas miedo de los terrores de la
noche ni de la flecha que se lanza en el día.

No temas a la enfermedad que
acecha en la oscuridad,
ni a la catástrofe que estalla al mediodía.
Aunque caigan mil a tu lado,
aunque mueran diez mil a tu alrededor,
esos males no te tocarán.

Simplemente abre tus ojos y mira
cómo los perversos reciben su merecido.

Si haces al Señor tu refugio y al Altísimo tu
resguardo, ningún mal te conquistará;
ninguna plaga se acercará a tu hogar.

Pues él ordenará a sus ángeles que te protejan

por donde vayas. Te sostendrán con sus

manos para que ni siquiera te lastimes el

pie con una piedra.

Pisotearás leones y cobras;

¡aplastarás feroces leones y serpientes

 bajo tus pies!

El Señor dice: «Rescataré a los que

me aman; protegeré a los que

confían en mi nombre.

Cuando me llamen, yo les responderé;

estaré con ellos en medio de las dificultades.

Los rescataré y los honraré.

Los recompensaré con una larga vida

y les daré mi salvación».

Definitivamente, Dios estaba ahí en ese cuarto, cuidando lo que trajo a este mundo, lo que mandó con la cigüeña, lo que puso dentro de la barrigota de mi mamá. Dios protegía ese cuarto. Así pensé yo. Pero me di cuenta de que no simplemente era el cuarto, no era solamente a Habib, que era un niño lleno de gracia, de amor y sin malicia en este mundo lleno de cosas. Me di cuenta del amor tan grande que Dios nos tiene a pesar de nosotros ser pecadores, de equivocarnos, de hacer cosas que a Dios le dan tristeza porque nos perjudican. Dios protegió a mi padre completamente. A Dios sólo le importaba la vida de mi papá porque era el único que estaba en la casa. Mi papá fue completamente abrigado por su amor, por su favor inmerecido, por su gracia. Esto me demostró lo bueno que es Dios, lo bueno que siempre ha sido, incluso cuando nosotros nunca lo seremos. A pesar de los errores de mi papá, Dios no iba dejarlo solo. Claramente esto lo digo yo, pero mi papá no creo que supiera este asunto; quizás pensaría que tuvo la suerte de que no le pasara nada. En aquel entonces ni le pregunté, tal vez por no tener la capacidad para reconocerlo bien; más bien, con el paso de los años, uno reconstruye estos eventos u olvida las grandes cosas que Dios hace a diario por nosotros. ¿Se dan cuenta de lo importante que es la perspectiva de las cosas, de lo importante que es ver más allá? Esto no es suerte.

La situación se ponía tensa por los problemas familiares que pasaban entre mi papá y mi mamá, por la vida desordenada que mi papá le estaba haciendo a mi mamá, actuando no conforme a lo que es el verdadero amor. Mi papá, lastimosamente, buscaba en la calle cosas que tenía en la casa; tenía una familia hermosa, tenía una gran mujer, teníamos una gran economía. Mi papá se equivocó, ciertas acciones hicieron que su matrimonio se fuera dañando y el agujero crecía cada vez más. Ahora, luego del incendio, nos encontrábamos con una pérdida un gran capital, un bajón económico muy fuerte del cual levantarse iba a tomar un tiempo; era el momento para estar más unidos como familia; sin embargo, no pasó nada de eso, las cosas que mi mamá se tenía en su corazón, poco a poco, fueron saliendo. Hoy a la edad que tengo (23 años), veo todo muy claro: miro hacia atrás y analizo que era un momento de dificultad, a pesar de tener muchas cosas; éramos una familia en construcción y el amor lo puede todo, y nosotros podíamos salir adelante de estas situaciones, pero estos sucesos los miramos para abrir más el agujero en lugar de buscar la forma de poder cerrarlo. Me di cuenta de que éramos una familia junta pero no unida: mis papás seguían juntos, pero en realidad no estábamos unidos, no estábamos unidos como familia de Dios.

Estas palabras de Deuteronomio 6:6-7 serían clave si mis padres hubiesen leído esto, estas verdades. ¿Estás teniendo problemas en tu casa? ¿O este tipo de cosas también las viviste o las estás viviendo? No sé en realidad, amigo, amiga, por lo que estés pasando, pero te aseguro que sea cual sea el hueco, o el tamaño del agujero, lo único que puede sanar todo eso es que tengan a Dios en su familia. Es cierto que nos vamos a equivocar, no somos perfectos, es hipócrita la persona que no acepta o piensa que no se equivoca y que se cree libre de pecados, pero te aseguro que no hay más tranquilidad ni un amor más verdadero que aquel que el Señor tiene para nosotros. Por más que mi mamá, mi papá, mis abuelos, mis tíos, mi hermano, todos tratemos, nadie nos va a amar como Dios; para mí el ejemplo de mi papá es una muestra de que, a pesar de que nos alejemos de Él y ciertas veces ni lo escuchemos, pudo salvarse por ese amor tan grande que Dios nos tiene. Más allá del dinero, de esos lujos, de todo eso, creo que no hay nada más bonito en realidad que una familia unida.

Muchos hoy tienen dinero y anhelan una familia; y los que tienen familia desean dinero. Siempre estamos pensando en los que nos falta; de esta manera, dejamos de ver lo más importante: lo que tenemos.

¿Qué tienes hoy de importante en tu vida? Hazte esa pregunta, no en las cosas materiales nada más, analiza lo importante que tienes. Los familiares que tienes, no los que no tuviste o los que, de repente, se fueron por diferentes razones. Te invito hoy, amigo, amiga, a que valores todo lo que posees, y así tu vida siempre será llena de felicidad porque aprovecharás las oportunidades que tienes y no estarás buscando las oportunidades que en ese momento no tienes. Si tu vida gira en torno a lo que tienes, estarás más agradecido que por aquello que no tienes. No intento decir que sean unos conformistas; más bien, estoy tratando de que valoren y disfruten lo que tienen, las herramientas que puedan tener a su alcance y así tendrán muchas más cosas por venir; eso te lo puedo garantizar. Ahora bien, recuerda que Dios está contigo, siempre lo ha estado; quizás no dejas que Él esté contigo o que actúe de la forma en la que quiere trabajar por ti y a través de ti. A pesar de tener una familia junta pero no unida, como lo hubiese querido, puedo enseñarte esto que, mirando hacia atrás, entiendo y que en ese momento no lo hacía.

Una familia junta pero no unida es la falta de no tener a Dios en el centro de ella.

RETORNANDO A LOS BRAZOS DEL AMOR

Capítulo 3

Luego de todo lo sucedido con respecto al incendio, la situación estaba bastante difícil en relación con el aspecto económico, tal como he dicho. Tuvimos que trasladarnos a donde mis abuelos maternos, regresaríamos a donde habíamos estado en un principio antes que mi hermano naciera. Así, pues, nos encontrábamos todos en ese mismo cuarto donde mis abuelos, pero ahora con mi hermanito que estaba aún bebé. En mi caso, tenía que continuar con mis estudios de primaria; Habib, en la guardería; mi papá, con sus asuntos labores, pero ahora también con la gestión de arreglar todo el apartamento y tratar de recuperar algunas cosas que se hubiesen podido salvar o no quemar. Yo estaba muy triste; mi colección de plastilinas, mis juguetes, mis cosas se habían dañado. Como un niño alrededor de 13 años no caía en la cuenta de la magnitud del evento, más allá de que hubo un incendio o que se perdieron muchas cosas, o lo que en realidad significaba: perder todo ese capital financiero. Yo estaba más preocupado por las cosas mías, mis juguetes. Pienso un poco que es como en esta época con los niños y la tecnología: lo más esencial para ellos es su celular, sus consolas de videojuegos y las redes sociales; cuando le pasa algo a sus aparatos, a los niños y niñas les duele mucho; yo estaba pendiente de lo que era importante para mí, que eran mis muñecos y todo esto que giraba en mi colección de juegos.

Levantarme para ir al colegio en la casa de mis abuelos maternos siempre fue un placer: nunca faltaba un buen desayuno, huevos pericos, guineo con mantequilla, un excelente jugo de naranja, café con leche, frutas. Mis abuelos siempre estaban muy pendiente de nosotros; mi abuelita Bertha era una especialista en el tema de atención, podía en realidad ganarse un premio por eso. Tanto era la atención y tanto era el amor cada día en las mañanas, que se me olvidaba completamente lo sucedido acerca del incendio de nuestra casa y de toda mi colección de muñecos que se habían perdido allí. Fue habitual que mis compañeros y profesores me hicieran preguntas como: ¿Se quemó todo el apartamento? ¿Están bien todos? ¿Y ahora dónde se mudarán? ¿Si se podrá pintar todo nuevamente? Estas preguntas me hacían entrar en preocupación. Yo venía al colegio a estudiar, y cuando me hacían esta clase de preguntas, empezaba a analizar un montón de cosas que sí me inquietaban y que, en serio, no sabía cómo responder; yo sólo sabía que estaba donde mis abuelos, que tenía un buen desayuno; que a pesar de que estaba triste, iba poder seguir viendo televisión donde ellos. Sin embargo, en ocasiones me entraba la preocupación, pero era por mi incapacidad de respuestas a los interrogantes. ¿Te ha pasado esto? ¿De que todo estaba aparentemente bien y de pronto caes en un hueco sin tener respuestas y te preguntas cosas como "ahora qué haré"? Quizás sólo obtienes respuestas de tipo: «no tengo ni idea, ¡estoy jodido!», «la situación está complicada, se puso duro esto», y cosas similares en las cuales no puedes dejar de pensar.

Mi papá empezó a hacer las gestiones del apartamento para comenzar a pintarlo, arreglarlo poco a poco. Recuerdo que íbamos a la sala donde teníamos un televisor; él compró un DVD. Dormíamos en la sala, en un colchón él y yo, viendo Spider Man, y así estar pendiente del apartamento. Todo seguía muy oscuro de igual forma, pero mi papá quería estar atento de su casa. A pesar de que todo se veía mal, él me transmitía mucha calma y mucha fe de que íbamos a salir adelante. Él me hablaba de Spider Man y nunca de los problemas que estaban sucediendo o de las crisis que pasábamos; él sólo hablaba de que todo se iba a mejorar, de que todo estaba arreglándose y que teníamos que estar pendientes de nuestro apartamento.

Aunque íbamos uno que otro día a nuestra casa, donde mis abuelos era donde estábamos radicados. Mi mamá, por su lado, no iba a la casa porque el polvo, las cenizas y todo lo que había sido quemado, podría hacerle daño a mi hermano, sobre todo porque él había tenido dificultades al nacer.

El arreglo de toda la casa tardó alrededor de unos seis meses. En ese lapso en el que duró toda la reparación, fue un tiempo en que disfruté, por un lado, esos desayunos donde mis abuelos, por el otro, verme tantas veces Spider Man con mi papá como 15 veces, más o menos. Convivir con mi papá en este tiempo y donde mis abuelos me hicieron olvidar muchas situaciones, incluyendo las peleas que escuchaba en la casa con mi papá y mi mamá. El amor de mis abuelos era el mismo que me brindaban cuando vivía con ellos: ir a donde ellos era encontrar ese refugio que tanta calma y placer me traía; esto me llena de mucha felicidad porque por más que mis abuelos hicieran lo mejor para que no nos preocupáramos, Dios, en definitiva, quiere lo mismo para nosotros. Yo podía leerlo en el Salmo 71:3 (LBLA). En tu vida, ¿quién es fortaleza? En tu vida, ¿quién es tu refugio? Cuando te pasan o te pasaron situaciones así de complicadas en tu vida, ¿a quién buscabas? ¿A dónde ibas a descargar todas esas penas? ¿A quién le has entregado tus problemas y, de pronto, no te ha ayudado a dar esa calma que tú pensabas que ibas a tener cuando le contaras? ¿Te ha pasado esto? Sin duda, sólo Él puede ser tu completo refugio y darte esa fortaleza que necesitas para salir adelante.

Déjame explicarte el porqué, desde mi experiencia: Me di cuenta de que estaba retornando a los brazos del amor de mis abuelos, de que ellos iban a estar para nosotros para apoyarnos en esos momentos difíciles. Dios no duerme, Él estará para nosotros aun cuando nosotros pensemos que no lo estará, siempre lo ha estado y siempre lo estará. Poco a poco fui entendiendo con los años que los brazos del amor verdadero de Dios iban a hacer que tuviéramos esa fortaleza para salir adelante. Precisamente, cuando volvimos al apartamento ya reparado, empezamos, nuevamente, a tener la vida que llevábamos, es decir, que volvimos cada uno a tener su cuarto, ir al colegio y responder a los que me preguntaran que cómo estaban las cosas y yo decir que todo estaba perfecto, que ya todo estaba bien. Habib iba creciendo. Ya pronto ingresó al Colegio Sagrado Corazón, y ahí estuvo cinco años estudiando, hasta la edad de 6 años. Estando en el apartamento por unos años, las cosas empezaron a estar "todo bien", eso pensaba yo; sin embargo, en realidad, el hueco que alguna vez empezó no estaba siendo tapado con Él quien es la fortaleza para cualquier problema.

Fue así como, nuevamente, empezaban las peleas, los insultos. Mi mamá se encerraba en el cuarto con Habib, a pesar de su corta edad. Ella lograba que mi papá se fuera de la casa. En mi caso particular, yo tenía una relación con mi papá que considero impresionante: siempre lo defendía y no comprendía, a ciencia cierta, por qué mi mamá optaba por estar con Habib y no conmigo. Hoy quizás entiendo el porqué de algo que en ese momento me tenía cegado en mi amor de niño: mi mamá se encerraba con mi hermano, el que ella le había pedido a la cigüeña por mí, y como mis padres no estaban bien, ella sabía que trajo a mi hermano al mundo por ese amor que me tenía, un amor muy grande. Mi madre protegía a mi hermano. Con esas lágrimas de sangre, que yo no iba a entender en ese momento, ella protegía a mi hermano de que sufriera lo que estaba pasando en la familia; pero yo no sabía lo que sucedía y mi mamá no iba a dañarme la cabeza diciéndome cosas de mi papá, porque yo a él siempre lo salía a defender, y ella no iba a oscurecerme esos ojos de amor que yo tenía por él.

Definitivamente, mi mamá protegía a Habib de una manera increíble. Las peleas no cesaban, y lo que ella hacía era darle ese amor, entregarle todo el amor de una madre a su hijo pequeño, para que no sufriera o que no viviera de cerca lo que ocurría en la casa. Mi madre lloraba mucho, pero me muestra algo muy lindo este contexto: la fe que tenía en que, a pesar de que la situaciones no estaban como ella alguna vez se las imaginó antes de casarse, e, incluso, tener un hijo nuevo y que algunas cosas no mejoraran sino sólo temporalmente, ella creía que sí iban a mejorar, aunque no fue así. Hoy pienso que ella puso la fe en Habib y no en quien trajo a Habib. En otras palabras, mi madre pensaba que las dificultades iban a mejorar simplemente por tener un hijo. Las cosas mejoraron pero no fueron como se esperaban porque, definitivamente, era muy importante que el centro de todo girara en torno a Dios.

Habib trajo bendición a la casa, pero mi papá y mi mamá no estaban poniendo su relación en las manos del Sanador del mundo, sino en sus capacidades como padres. Lo más seguro es que también te haya pasado a ti algo similar: que ciertos asuntos como los querías no estaban saliendo como lo esperabas. ¿Qué tanto te imaginaste una vida hermosa y llena de felicidad pero tu realidad no es esa? Mi mamá soñó con el mejor matrimonio, sus planes, de seguro, eran mejor, incluso para mi papá. No creo que una persona inicie un matrimonio diciendo que va a hacer todo lo posible para que se dañe lo más rápido que pueda. No creo que unas personas cuando se casan por "amor" entablen una relación, y luego se pongan de acuerdo para destruir todo. Esto no pasa. Las personas no piensan así cuando están tomando, en ese momento, los pasos más grandes que puedan tomar en su vida. ¡Qué hermoso y sanador habría sido si ellos hubieran puesto sus cargas, sus problemas, sus errores en los hombros de Dios! Jesús cargó en la cruz del Calvario por todos nuestros pecados pasados y futuros.

Mi mamá se encerraba en el cuarto con Habib, mi hermano, y buscaba la manera para que él no saliera dolido como ella lo estaba pasando en esos momentos, en una familia que no estaba en línea o en la misma sintonía. Mi mamá, así las cosas, se aburrió de esa situación y decidió emprender un viaje. Su decisión fue irse a Bogotá, donde se encontraba una hermana, y aprovechar una oferta laboral que le había surgido. No obstante, esta decisión conllevaba llevarse a Habib porque ni loca lo iba a dejar acá en la casa, viviendo con mi papá y conmigo. Ella se iba a llevar a su hijo pequeño para protegerlo y también para iniciar una nueva etapa allá en Bogotá con más tranquilidad, que era lo que estaba buscando, me imagino.

Mi madre y Habib emprendieron un viaje a Bogotá para encontrar un refugio de amor.

TE NECESITO, PAPÁ

Capítulo 4

*«Y él clamará a mí: "Tú eres mi Padre,
mi Dios y la Roca de mi salvación"».*
(Salmo 89:26)

Estando mi madre y mi hermano en la ciudad de Bogotá, en ese viaje que habían emprendido, ella iba a ponerse a cargo de Habib; con el trabajo que había empezado recién, iba poder pagar todo lo que necesitaba para sí y para él. Eso la ayudaba en su estabilidad económica para no depender de mi padre. Al inicio de ese viaje que emprendió mi mamá, yo no me separaba de mi papá; íbamos a comer siempre juntos a donde yo le pidiera, compartíamos mucho; desde hace un tiempo, estas cosas se habían perdido por las situaciones que ya he ventilado. La relación con mi papá, mi confianza sobre él, cada vez era más grande; incluso hasta al trabajo de él lo acompañaba; claro, ir con él a trabajar significaba quedarme en el carro, en cualquier parqueadero pago, esperándolo hasta que él llegara. Yo me sentía el cuidador del carro. Cuando llegaba, él notaba que había hecho bien mi labor de cuidar el carro, y, en recompensa, me llevaba. «Por estar dentro del carro, pendiente de la vuelta», decía, y que era estar en sintonía con mi labor. Ese término que utilizaba mi papá, cuando yo cuidaba el carro, significaba dejarme ahí para que éste estuviera seguro, e igualmente nadie pudiera hacerme algo. Mi padre es muy precavido y desconfiado, tanto así que, a pesar de haber pagado un parqueadero, me hacía estar ahí, pendiente de todo para que nadie se le acercara a desinflar una llanta. Por todo esto, él me pagaba diez mil pesos. De verdad me ponía feliz porque con esa plata compraba bastantes dulces o me compraba videojuegos. También, luego de eso, era normal irnos a disfrutar de una comida junto a alguno de sus amigos. Él me premiaba por haber cuidado el carro de la mejor manera aunque siempre me quedaba dormido. Así eran los días: levantarme, ir al colegio, acompañar a mi papá a trabajar, ir a comer, luego llegar a casa para descansar.

Aunque estaba pasando algo: no hacía mis tareas. Mi papá, a decir verdad, se preocupaba por trabajar; él suponía que yo realizaba mis obligaciones, pero no. El chisme es una cosa impresionante, ¿no les parece? En el colegio se enteraron de que mi mamá se había ido para otra ciudad, que mis papás se habían separado. A mí me sacaban de clase para llevarme al psicólogo, para ver cómo me encontraba, cómo era mi situación ahora que mi mamá se había ido; la psicóloga estaba enterada de cosas que siquiera yo sabía, como saber dónde o en qué trabajaba mi mamá en Bogotá. Por supuesto, las notas sí empezaron a caer; yo no era el mejor estudiante, me la pasaba jugando fútbol, pendiente de que llegaran las semanas deportivas para ganarme los primeros puestos en todos los deportes; era muy deportista, todo me gustaba, pero el fútbol era el top de todos. Llegó un momento cuando tocaban los torneos externos de fútbol, y cuando no me permitían asistir porque un requisito era que los jugadores o estudiantes tenían que encontrarse con buenas calificaciones académicamente, para poder participar en estos eventos externos, y yo, como he dicho, estaba mal. De alguna forma, la separación de mis padres, por más que en ese momento no supiera que me estuviese afectando, porque estaba distraído con mi papá, sí se notaba que mi mamá, quien era la que se preocupaba por hacer las tareas conmigo, ya no estaba.

El año escolar se empezaba a tornar complicado. Mis calificaciones apuntaban a que no iba a pasar para el otro año, me la pasaba en recuperaciones. Estaba más pendiente de jugar para distraerme: para mí eso significaba jugar, me concentraba tanto en los partidos que yo era sólo eso; luego, ya volvíamos a la realidad. Quiero hacerte un par de preguntas, amigo o amiga, que me estás leyendo: ¿A qué acudes para salirte de todos los problemas que puedes estar pasando? ¿Te pasaba esto como a mí? Yo utilizaba los deportes para salirme de la realidad, ¿tú qué utilizas para salirte de tu realidad o qué es eso que hace que se te olvide todo por un momento? Tristemente, lo que más me gustaba hacer se veía impedido por el tema académico. Mi papá supo todo esto cuando le tocó ir por los informes, por lo cual tomó una decisión pero ya era un poco tarde, ya me encontraba pasando recuperaciones para ver si podía llegar a pasar el año haciendo unos exámenes en vacaciones. El año escolar iba a depender de esos exámenes, sin embargo, no me fue muy bien en ellos, a pesar de que estudié y estudié, no me concentraba, no entendía, siento que me costaba mucho más estudiar o retener lo que estudiaba. Venía la última oportunidad para ver si pasaba el año, dos semanas antes de que se acabaran las vacaciones cuando tenía que realizar estos exámenes en el colegio. Como dije, mi papá tomó una decisión: que yo me fuera donde mis abuelos maternos, para que me ayudaran a estudiar y estuvieran al pendiente de mis tareas, porque él se encontraba trabajando, buscando el dinero para todo lo demás.

No obstante que mis abuelos y mi tía Patry me ayudaron a estudiar, el año no lo pude ganar y me tocaba repetirlo, y la verdad la plata no estaba para regalarla. Mi colegio era bastante costoso, la economía de mis padres no se encontraba como antes lo estaba; eso produjo mucha tristeza. También empecé a notar algo que nunca había notado hasta ese momento: decepción. Conocí esto, veía la cara de mi papá como si le hubiese hecho un daño enorme. Mi papá decía que estaba decepcionado, que jamás en su casa alguien había perdido el año; todos ellos eran los mejores estudiantes, eran personas muy disciplinadas por el estudio; en cambio, eran muy malos jugando a los deportes; me decía que el deporte no servía para nada y que estar jugando hizo que yo perdiera el año. El amor que me mostraba mi papá todos los días, de pronto empezó a cambiar, siempre me reclamaba que había perdido mucha plata, que era muy desconsiderado con él, que no estábamos en un muy buen momento, que la plata no se puede regalar de esa forma, y que estaba muy triste. Se le notaba. Empecé a sentirme muy mal porque, en serio, parecía como si yo hubiese hecho lo peor de este mundo: sólo había perdido el año porque mi actitud ante los estudios no era la mejor, también debido a la partida de mi mamá a Bogotá, no contar con la disciplina de revisar, cada noche, si mis útiles estaban completos, o si los cuadernos estaban con sus márgenes, si había completado las tareas, y de firmar las notas que mandaban los profesores; mi mamá se encargaba de todo esto. Su ausencia como madre se empezaba a notar.

Mi abuelo José y mi abuelo Nayib eran dos eminencias de la medicina: uno, un gran médico anatomista y, el otro, un gran médico psiquiatra. Ambos eran reconocidos ante la medicina en Barranquilla por sus grandes aportes profesionales. Tener el nombre de mi abuelo paterno Nayib era un peso enorme ante la familia; para empezar, mi parecido físico era evidente, pero que se veía que no iba a seguir sus pasos, ni los de ninguno de los hombres de mi familia, y, además, ninguno veía con buenos ojos el deporte. Mi abuelo José era un sabio que siempre que se hablaba con él era para aprender algo nuevo; sin embargo, él, de repente, se veía muy decepcionado, y me mostraba esa tristeza por haber perdido el año. Por mi parte, ya no quería hablar con nadie porque todos me recordaban el crimen que había realizado: ser un mal estudiante; cometí el delito más grande de este mundo para mi familia. Las personas que más me apoyaron mis abuelos me atendían muy bien, me daban toda la comida, pero ya no era lo mismo: el amor que me tenían estaba pasando por un momento gris por toda la situación académica. Mi mamá, por su lado, estaba un poco triste por el dinero que se perdía; ella lloraba cuando me llamaba al teléfono y yo le decía que me perdonara, que no estuvieran rabiosos conmigo, que no me fuera a pegar por haber perdido el año, y que lo sentía mucho. Ella, como madre, sabía la falta que me estaba haciendo. Ella estaba convencida de que no era por mis capacidades o porque no era inteligente; ella sabía que faltaba mamá para ayudarme a las tareas como siempre lo había hecho.

Amigo, amiga, ¿alguna vez te ha pasado que has dado lo mejor de ti en diferentes momentos o aspectos de tu vida y has decepcionado a una persona o a varias? O, al contrario: ¿que la persona que más querías te decepcionó o tus padres te decepcionaron? ¿O tu familia te dio la espalda y te has sentido decepcionado? ¿Has querido dejar todo tirado por estas ocasiones? Yo me sentía así. Mis abuelos me mostraban, por sus grandes logros o méritos de estudios, una actitud clara en la cual yo los decepcioné, lo cual, por supuesto, me tenía triste. Mi papá me mostró esa actitud también, y empecé a sentirme indefenso, ya no quería hablar con nadie porque no quería que me juzgaran. La Palabra me muestra algo que hoy puedo asegurarte que puede servirte mucho a ti, amigo, amiga: «Y sobre todo, revístanse de amor, que es el vínculo perfecto» *(Colosenses 3:14, RVC)*

Esto que dice en Colosenses me llamó mucho la atención porque el amor es el vínculo perfecto para todo. Yo, en ese momento, me veía como el mal estudiante, como el que no quería estudiar, me sentía poco inteligente, el que a pesar de las recuperaciones o los varios exámenes que tuve, para ver si pasaba el año, no los cumplía. Muchas veces me lo creí. Pensé que no era inteligente, o que por haber decepcionado a mis familiares no iba a tener ese futuro bueno que ellos querían para mí. Mi familia estaba analizando sólo el plano de los estudios, y el amor que me mostraban, en ciertas ocasiones anteriores, lo veía distante o incompleto. En esos momentos era cuando más lo necesitaba porque se vislumbraban los efectos secundarios de la separación de mis padres. ¡Cuánto hubiese querido que las palabras de *Colosenses 3:14* hubieran sido una realidad para mí y mi familia! Hubiese sido de lo mejor, considero, que todos se hubieran vestido de amor, donde vieran, en realidad, dentro de lo que me estaba ocurriendo; era algo que ni siquiera yo podía entender a plenitud. Cuánto quería que me abrazaran para decirme que apesar de que mi mamá se había ido para trabajar, para salir adelante, todo iba a estar bien. En cambio, me sentí juzgado, me sentí perdido, sentí que mi confianza no la podía depositar en ellos porque si volvía a perder un año, ¿qué me iban a hacer? Ya me encontraba preocupado pensando si me iban a matricular nuevamente en el colegio, y me daba mucha tristeza de que si me cambiaban de colegio, iba a dejar de ver a mis compañeros con los cuales llevaba muchos años compartiendo. También sabía que no iba a estar con estos compañeros, sino con los de un curso inferior. También sabía que iba a ser la crítica y burla de muchos cuando me recordaran que había perdido el año.

Mi papá pensó lo mejor aprovechando que el Colegio Hebreo Unión, donde estudiaba, era calendario B. Como el colegio regresaba en agosto, y se acababa en junio, él consideró que la mejor estrategia era entrar a un colegio calendario A que estuviera en curso, y así aprovechar terminarlo de agosto a noviembre. Ingresé al Colegio Elena Duque a mediados de septiembre. "Elenita" Duque, como de cariño apodaban en mi familia y en su colegio, coordinó con mis familiares para que yo hiciera un intensivo en esos meses mediante exámenes para ver si, el año que había perdido en el anterior colegio, podía en éste salvarlo. Entraba a un nuevo colegio, nuevos amigos, nuevos compañeros, nueva ruta, era una experiencia nueva. Todos los años de vida los había hecho en el Hebreo Unión, era un momento donde venían nuevas experiencias y, como todo lo nuevo, estaba emocionado pero a la vez muy nervioso.

En el nuevo colegio ya empezaban a presentarme con los profesores, a los nuevos compañeros de mi curso, la gente sabía qué era el nuevo; aun así, los estudiantes del colegio empezaban a socializar conmigo, comencé a tener nuevos amigos, me sentía muy bien. Sinceramente, estaba feliz viviendo esta nueva experiencia, con todas las incomodidades propias de ingresar fuera del tiempo académico, como ir con ropa distinta a la del uniforme que todos tenían. No era normal estar con ropa diferente al uniforme; era obvio que era el nuevo. Las pruebas para poder permanecer en el curso eran difíciles. La metodología que llevaba el curso del nuevo colegio era diferente, es decir, los temas, los libros. Me sentía perdido. Además de todo, era mucho material para estudiar en la semana para así realizar las pruebas; todo esto para ver si en diciembre ganaba el año para seguir con ese curso en el siguiente año escolar que se venía. Esos meses estaba enfocado en mis estudios, aunque también vivía las nuevas amistades que estaba generando. No podía comprender cómo si en la semana parecía entender los temas de los exámenes, al realizar las pruebas, era como si los profesores quisiera que yo perdiera las mismas. ¿Te ha pasado eso? ¿Estudias toda la semana pero el día del examen todo se te olvida? O también, ¿estudias mucho, pero dices "no creo que el profesor ponga este punto", y justo eso aparece? Es como si los profesores estuvieran viendo lo que estudiamos, y lo que no estudiamos, lo que no quisimos estudiar, o lo que nos saltamos para tratar de terminar lo más rápido posible y así ver nuestras series preferidas, novelas, programas, o mejor aún para dormir más temprano.

Me estaba yendo mal en los exámenes. Llegó la época de diciembre. Según las pruebas no alcanzaba la puntuación para poder pasar al otro año. Ya ahora era una doble decepción para la familia. Todos estaban muy confiados en que yo iba a pasar el año, todos estaban convencidos de que yo estaba muy preparado para esas pruebas semanales que se realizaban. Lo cual en parte era cierto y, en parte, no: era cierto porque sí me encontraba estudiando, sí dedicaba el tiempo, pero cuando llegaban los exámenes se me olvidaban las cosas, estaba asustado, los nervios me jugaban en contra. Cuando toda la familia se enteró de que no había pasado al otro año, todos me mostraban esa cara de "sí, la verdad no eres inteligente, eres 'brutico'. Mejor no estudies". Cada vez que me miraban todos, esos pensamientos no paraban de venir a mi cabeza; utilizaba el fútbol para salirme de eso, ahí nadie me importaba, sino sólo el balón de fútbol. Había que tomar otra decisión: Si Nayib se quedaba en el colegio, aprovechando que ya llevaba unos meses ahí, o empezaban el trámite para ir a otro, donde nuevamente era una nueva experiencia. La familia decidió que me quedara en el Elena Duque aduciendo que había tomado cariño con compañeros, con profesores y con el nuevo ambiente que estaba viviendo.

Fueron unas vacaciones un poco aburridas porque no había sido un buen año en el tema escolar. Así que sabía que no iba a tener regalos de Navidad, ni exigirlos. Llegó el año nuevo y en ese enero entraba nuevamente al colegio. Me tocaba repetir el curso, así que tenía nuevos compañeros de clase. Analizando la situación, había algo bueno en todo esto: tuve la oportunidad, inclusive, de graduarme seis meses antes que ellos por el Calendario A que ahora me encontraba cursando en la nueva institución, pero, en fin, ya lo que había pasado, pasó. Algo positivo del nuevo año era que iniciaba con libros nuevos, uniforme nuevo, ya me sentía parte del colegio; ¡a quién no le gusta el olor a nuevo y estrenar los libros! Es una sensación muy divertida. Estaba muy contento. Pasaba los márgenes de los cuadernos, escribía el título con rojo, luego toda la clase con negro, los puntos con azules, las mayúsculas con amarillo. ¡Qué loco que era! ¿Sólo soy yo?

El año cursó muy bien, mis notas eran buenas, ya estaba en mis actividades deportivas como antes lo estaba, y así empezó un año muy positivo, en que sabía que si seguía como iba en los estudios, en diciembre iba a venir una época llena de regalos o me iban a poder premiar. No quería repetir ese diciembre que había pasado recientemente. Yo me encontraba donde mis abuelos maternos; ahí dormía con mi tía Patry, pero mi papá, para no molestar tanto a mis abuelos, me preguntó que si quería irme a donde mis otros abuelos, aprovechando que mi abuela Mimi y mi abuelo Nayib querían también pasar un rato conmigo. Entonces decidí mudarme para allá. Cuando me trasladé para donde mis abuelos paternos, ahí vivíamos los tres. Mi papá se quedaba algunas veces, pero era muy poco tiempo.

En el colegio las mañanas eran muy entretenidas, estaba todo marchando bien, pero en las noches me estaba pasando algo: ya meterme en la cama de mis abuelos no era lo adecuado; estaba más grande y lo más probable es que los podía incomodar; entonces, en el cuarto donde dormía, me empezaba a sentir solo; trataba de dormirme, pero no podía tener ese sueño profundo como yo quería. En las noches me preguntaba: ¿Dónde está mi papá? ¿En qué andará mi papá? ¿Por qué no se viene para acá a dormir conmigo? Claramente la respuesta era que se encontraba en el apartamento y que él quería que estuviera donde mis abuelos para que ellos estuvieran al pendiente de mí. Mi papá también entró en una paranoia, debido al incendio, y todo debía estar apagado, desconectaba todo, a fin de que no hubiera riesgo de nada. Es apenas comprensible desde su propia experiencia. Y yo, que me sentía solo y quería compartir más con mi papá para no molestar tanto a mis abuelos, quería gritar: ¡TE NECESITO, PAPÁ!

«Cuídame, oh Dios, porque en ti busco refugio»
(Salmo 16:1, NVI).

HASTA LUEGO, QUERIDO NAYO

Capítulo 5

Mi papá habló conmigo y vio que no estaba durmiendo tranquilo donde mis abuelos. Vente para la casa conmigo, que eso es pura pendejada tuya. ¡Qué miedo vas a tener! Vamos a dormir juntos para que veas que se te quitará eso. Eso es por estar muy desocupado. Uno cuando trabaja mucho no tiene ni tiempo para pensar en esas huevonadas.—

Eso dijo mi papá cuando le dije que en las noches no podía dormir donde mis abuelos.

Estando ya con mi papá, los días eran más entretenidos. Nos levantábamos temprano, me llevaba al colegio, regresaba de allá solo para la casa, terminaba las tareas lo más rápido posible. Luego él venía por mí para ir a comer junto con sus socios del trabajo. Después de comer, nos quedábamos hablando, contando historias; me divertía bastante junto con los socios de mi papá y con él. Las noches eran tranquilas: cuando nos acostábamos, poníamos una película o alguna novela que estuvieran presentando en la televisión; él, muy emocionado, me decía: «Nayib, Nayib, mira esa película buenísima». A él le gustan mucho las películas de acción. Por mi parte, me emocionaba mucho cuando me decía que la película era muy buena, pero a los 20 minutos, cuando lo llamaba «papá, papá», no respondía sino que sólo se oía su ronquido. Se quedaba profundo, daba mucha risa verlo así de un momento a otro. Entonces yo programaba el televisor para que se apagara en 30 minutos y así me quedaba dormido hasta el día siguiente. Al día siguiente, él se levantaba apurándome para ir al colegio. Y ya, prontamente, mis vacíos en la noche se empezaban a ir, quizás porque la pasaba con mi apapá de arriba para abajo.

El año escolar se terminó, y me fue bastante bien en el colegio, pero mi papá quería, una vez más, cambiarme de colegio. Él aducía que el colegio Elena Duque, por estar ubicado, en ese entonces, al lado de la Universidad Atlántico una universidad pública, ciertas veces se presentaban protestas estudiantiles, donde incendiaban llantas, tiraban piedras, bombas. Eso lo tenía muy preocupado. Varias veces, estando en clase, hubo que detenerlas porque los estudiantes de la universidad habían comenzado protestas. En ese sentido, él quería empezar a buscar un colegio más cercano. Alguien le comentó sobre uno que quedaba cerca de la casa: Colegio Mayor Felipe de Borbón. Un primo hermano se había graduado ahí, y consideró que debía empezar estudiar en esa institución. Ya me quedaban sólo dos años de colegio. Como el colegio era a unas pocas cuadras de mi casa, me iba caminando. Una que otra vez mi papá me llevaba o pasaba por mí para ir a almorzar; él estaba más tranquilo con que yo estuviera ahí porque la zona era cercana a la casa, y sabía que no iba a ver cosas similares como las que se estaban presentando en la Universidad del Atlántico.

En el nuevo colegio me adapté rápido. Era un colegio no muy grande, no pasaba de más de 150 estudiantes, esto hacía que hubiera una mejor comunicación. Yo me la pasaba entrenando en el gimnasio o jugando fútbol, a pesar de que el colegio no era tan bueno en temas deportivos. Aun así, al equipo de fútbol nos otorgaban permisos para ir a torneos externos contra otros colegios. Esos permisos nos evitaban dar clases, y yo era feliz. ¿Quién no lo estaría si por jugar recibiría buenas calificaciones? Era perfecto para mí: si el colegio ganaba, si todo salía genial en los torneos, nos iba igual de bien en el colegio.

El tiempo en el colegio nuevo estaba siendo de lo mejor. Me la pasaba con mi papá, con mis amigos del colegio, fiestas, planes en mi casa, fútbol y visitaba a mis abuelos. Para el último año del colegio tuve un noviazgo con una niña que conocí por unos amigos, y tenía fines de semana muy entretenidos. Era mi primera relación formal. La presenté en mi casa y ella presentó en la suya. Había algo interesante en la familia de ella: era una familia muy unida. Compartían juntos, salían a almorzar, se iban de viaje seguidamente; y, en mi caso, en mi familia, era todo lo opuesto. Cada vez que veía a la suya, yo me preguntaba por qué no tenía una familia así. Por mi cabeza pasaban pensamientos: «Yo tendré una familia unida, no voy a tener una familia como la que tuve que era toda separada». Me invitaban a viajar con ellos para que compartiera. Una que otra vez decía que sí, pero era muy poco lo que aceptaba.

Un día antes de que me graduara, de repente, en la noche empecé a sentir unos dolores en el pecho, un dolor en el estómago que me hacía vomitar. Mi papá me preguntó que si había comido algo que de pronto me hubiese hecho daño, pero la verdad no tenía ni idea. Mi papá decidió llevarme a donde mi abuelo Nayib para que me revisara a ver qué sucedía. Al llegar allá, mis abuelos estaban viendo las noticias, en pijama. Mi papá le contó a mi abuelo lo que me estaba sucediendo y que me dijera qué tenía yo. Cuando vi a mi abuelo los síntomas desaparecieron. «Hombre, mijo, usted no tiene nada», dijo. De un momento a otro todo se me quitó la molestia, estando con él.

Él se encontraba sin camisa y yo le hacía cosquillas y se reía. Me decía que le dolía el pecho. Esperen un momento... ¿Cómo así que le dolía el pecho a mi abuelo? A mí también me estaba doliendo antes que llegara a donde él, pero cuando lo vi se me fue el dolor. ¿Será que le pasé el dolor a mi abuelo?

Abuelo, ¿cómo así que te duele el pecho Sí, mijo, también las tetillas me duelen un poco, pero no es nada, todo está bien dijo. Mi papá, después de un tiempo, dijo que era tarde, que debíamos irnos porque al día siguiente era la misa de graduación: el último día de clases. Papá dije, me quiero quedar a dormir acá con mis abuelos.

No, no, no. Mañana regresas. Vámonos para la casa contestó mi papá. Mijo, quédate sugirió mi abuelo, pero mi papá siguió insistiendo, y decidió que no, que el uniforme lo tenía en la casa y que no lo iba a buscar para traerme; que mejor mañana venía. Pero Nayib hablando de mí, dijo mi abuela tiene un uniforme aquí. Solo hay que alistarlo. Cuando Maritza despierte, ella lo hace.

Mi papá, después de un tiempo ahí, hablando, no me permitió quedar. Al irnos y estar en la casa, empecé a sentir ganas de vomitar y un dolor de cabeza. Todo me daba vuelta, tenía náuseas; era impresionante. Vomité en el baño, pero era raro lo que sentía: me había vuelto lo que, en casa de mi abuelo, se había ido. Sin embargo, no le dije nada a mi papá y nos acostamos a ver televisión. Ya acostados empecé a ver todo blanco, empecé a escuchar unos sonidos muy extraños, como si fueran unas voces o una voz. Todo era blanco.

¿Qué me estaba pasando? ¿Estaba soñando? Al mismo tiempo escuchaba la voz de mi papá, pero muy lejos diciéndome: «Nayib, Nayib, ¿qué te pasa? ¡¿Consumiste alguna droga?!». No sé cuánto duró todo esto, pero cuando me levanté, mi papá empezó a decirme que si estaba consumiendo sustancias o qué había hecho, que le dijera la verdad, que si estaba loco o qué yo decía que me iba a morir. Él decía que yo me estaba despidiendo y que decía: «Ya me voy, ya estoy muerto. Hasta luego, papá».

Estas cosas que decía, pusieron a mi papá con los pelos de punta, pero terminé durmiéndome después de que él me dijera todo eso que me estaba sucediendo. Al día siguiente, en el colegio, en la misa, todo fluía normal. Estábamos allí en la graduación haciendo los actos respectivos, luego los estudiantes compartían; era un día como para despedir, de picnic, de fotos. De repente, mi celular sonó. Cuando lo saqué de mi bolsillo para ponerlo en silencio, vi que la persona que me estaba llamando era Mimi —mi abuela Elvia—. Ahí supe que algo, algo muy malo había ocurrido.

Sentí, cuando contesté, algo horrible en el corazón. Mi abuela, entre llantos, me dijo: «¡TU ABUELO...!», y antes de que terminara la frase que iba a decir, yo colgué el teléfono y salí corriendo. El portero del colegio algo notó en la cara mía que me abrió la puerta enseguida. Salía a la calle, pasó un taxi, lo detuve y enseguida me monté a decirle: «por favor, por favor, volando a esta dirección:...». Cuando entré al apartamento, se escuchaban llantos de Maritza, de mi abuela, de mi tía; en el baño se encontraba mi abuelo, tirado en el piso, y el baño ensangrentado. Cuando vi eso, quedé en shock, no podía ni pronunciar una palabra, ni una lágrima se me salía. No entendía cómo mi abuelo, un día antes, estaba conmigo hablando y, de repente, ya se encontraba tirado en el baño, desnudo y al lado de su cabeza mucha sangre. El tiempo se detuvo para mí, mientras miraba esa imagen de mi abuelo.

Amigo, amiga, la verdad que no sé por cuáles momentos así de difíciles hayas pasado en tu vida. La verdad no sé cuál ha sido la imagen más dolorosa que has podido ver en tus años de vida, o si has tenido alguna pérdida familiar como la mía. La verdad no le deseo eso a nadie, no le deseo para nada lo que estaban viendo mis ojos en ese momento a ninguna persona. Mi abuelo había fallecido de una forma trágica.

La muerte de mi abuelo en el baño mientras se duchaba, fue porque, unos días antes, él había suspendido las pastillas para el control de la presión aduciendo que estaba aburrido de tomar tantas, y que no quería seguir ingiriendo más medicamentos. Estando en el baño, su presión tuvo un problema que hizo que perdiera el equilibrio y cayó al suelo. Él se golpeó en la cabeza tan fuerte que le produjo la muerte. Era muy fuerte lo que estaba afrontando la familia en ese momento con la pérdida de mi abuelo, quien era el líder de la familia paterna.

La noche anterior, al parecer, yo estaba delirando con la muerte de mi abuelo —que tenía mi mismo nombre—. Mi papá, más allá de la muerte de mi abuelo, cayó en un estado de depresión; decía: «Si tan sólo hubiera dejado dormir a mi hijo con mi padre, de pronto no hubiese pasado esto, de pronto mi papá no hubiese muerto». La muerte le afectó mucho porque en ese momento en el cual no me sentía bien (la noche anterior) él me estaba juzgando, sin que se supiera qué ocurría en realidad. ¿Simple casualidad? No lo creo.

A pesar de la muerte de mi abuelo, con toda la tristeza que estábamos viviendo en ese momento, lo que había sentido anteriormente, de repente se había ido. Se venía el sepelio y toda la preparación para el funeral, y de verdad hoy puedo decir que nunca en mi vida había visto tantos familiares juntos: mis primos, mis primas, tíos, primos políticos, seres queridos por parte de mi abuelo, amigos... Todos estábamos unidos diciendo:

«Hasta luego, querido nayo»

A mi abuelo lo despedíamos; toda la familia estaba muy unida. ¿Por qué sólo cuando se va un ser querido es cuando se juntan los familiares para verse, para saludarse? Ahí, en esos momentos, es cuando las personas empiezan a valorar a las personas: cuando se van. No sé, amigo, amiga, a quién hayas perdido, o quién se haya ido de tu vida sin haberse muerto; no sé con quién hayas dejado de hablar por diferentes razones, si es porque te hicieron daño, te lastimaron, te traicionaron. No lo sé. Pero no esperes a que alguien fallezca para buscarlo. En mi familia muchos problemas pasaban, muchas peleas, muchos orgullos que hacían que varios no se hablaran entre ellos. Pero cuando mi abuelo murió, todos los corazones dejaron de estar endurecidos por un tiempo. Hoy me doy cuenta de que en ese momento la familia disfrutó momentos unidos: en la pérdida nos unimos como familia, pero fue sólo por un período, hasta que nuevamente las cosas de este mundo, especialmente el orgullo, hizo que nos ceguemos.

De todo corazón hoy les digo, mis amigos: no esperen hasta mañana para decir a un familiar lo mucho que lo quieren; no esperen hasta mañana para el perdón de corazón a una persona por más daño que te haya hecho; no dejes que alguien se vaya de este mundo para luego llorar porque no pudiste disfrutar muchos momentos con esa persona. No dejes de valorar al máximo a tu familia, sea como sea. ¡Hasta luego, querido Nayo! No te pude decir esa noche: te amo, abuelito, porque pensé que te iba a ver al día siguiente, pero, de todo corazón, hoy sé lo mucho que me cuidas, gracias por todo. Siempre te llevaré en mi alma, en mi nombre y sé que nos veremos un día nuevamente en el paraíso (Lucas 23:43, NTV).

EL FÚTBOL ES MÁS QUE UN SENTIMIENTO

Capítulo 6

Un año y medio después de la muerte de mi abuelo, se me presentó la oportunidad de jugar en un equipo de fútbol profesional en Argentina. El Club Atlético Chacarita Juniors era el equipo que había puesto su voto de confianza en mí para que yo pudiera mostrar las habilidades que tenía para este deporte. Viviendo en Argentina, el equipo me brindaba hogar donde se quedaban varios jugadores jóvenes o que apenas empezaban sus carreras: "La pensión". El equipo tenía varias pensiones. Los jugadores de las pensiones son jugadores patrocinados por el equipo, donde nos brindaban hospedaje, comida, etcétera. Chacarita tenía cuatro casa hogares en los cuales había muchos jugadores de diferentes categorías. Yo compartía un cuarto donde nos quedábamos cuatro jugadores; ahí dormíamos en camarotes. Carlos Pereyra era el dueño y coordinador de todas las pensiones; además, él llevaba trabajando para el Club más de 30 años. Era bastante respetado, todos lo conocían, y por medio de él yo pude entrar al equipo porque se fijó en mí para que yo me quedara en Chacarita.

En la pensión se manejaban principios fundamentales. Cuando era la hora de la comida, todos teníamos que estar en la mesa. Antes de comer, todos hacíamos una oración para agradecer por los alimentos que íbamos a ingerir; luego, todos nos decíamos "buen provecho". Al final de la comida, todos llevábamos los platos para la cocina donde estaba nuestra querida Karina, quien era la encargada de organizar todo el tema de la limpieza de la casa en la noche. Cada jugador tenía un día donde ponía la mesa o ayudaba a Karina; también la ayudábamos a quitar todo.

En las mañanas era diferente: levantarse; arreglaba cada uno su cama; luego, nos tomábamos un café o leche, con facturas, que era el tipo de comida de Argentina, lo cual es muy distinto que en Colombia, especialmente en la Costa Caribe donde los desayunos son huevos, salchichas, jugo, guineo o cosas de este estilo; allá eran muy dulces pero muy delicioso. En el desayuno algunos comían, otros no: algunos preferían dormir un ratico más y llevarse la comida en el camino o para después del entrenamiento. Luego, al mediodía, todos almorzábamos en la mesa y seguíamos estas costumbres de dar las gracias, el provecho, ayudar en la tarde a Betty —quien es una hermana de Carlos—. Ella se encargaba en las tardes del almuerzo, y en las mañanas, la mayoría de las veces, era Maryta, quien era otra hermana de Carlos. En general, esta era la forma de trabajar.

En la casa se vivía un ambiente muy familiar; todos los días vivía un sueño hecho realidad. Me daba cuenta de que no tenía ni un solo familiar de sangre en Argentina, pero tenía una familia gracias al fútbol; este deporte me estaba regalando una familia inolvidable, con unas costumbres hermosas que, en mi casa con mis padres, se habían perdido por su separación. Los entrenamientos eran muy exigentes. Había días en que ni siquiera veíamos el balón de fútbol, especialmente en las pretemporadas: corríamos y corríamos; el estado físico que teníamos era impresionante. En Argentina comíamos, respirábamos y dormíamos por el fútbol. Cada vez que el equipo jugaba, toda la "Banda Funebrera" —los hinchas del equipo— estaban al tanto para apoyar. Prender la televisión en la pensión era ver fútbol; todo el día era esto, nadie se cansaba. Escuchábamos mucha música para animar las noches antes de dormir, cada jugador ponía su música; escuchábamos mucha cumbia argentina o cosas que estuvieran de moda, pero la mayoría de veces era la música típica de allá.

Algunos jugadores no solamente tenían talento para jugar, todos tenían grandes cosas como seres humanos: unos cantaban, otros tocaban guitarra, otros apoyaban, otros jugaban a las cartas, otros veían televisión, pero todos compartíamos. En este ambiente todos nos amábamos, nos reíamos, nos contábamos historias. El fútbol me estaba regalando hermanos inolvidables; no eran simplemente amigos: eran mucho más que eso; el fútbol no es simplemente un deporte: el fútbol es más que un sentimiento. La gente se respetaba mucho dentro de la pensión, fuera de ella, en el camerino y en el campo. Amigo, amiga, ¿quiénes son esos amigos que tienes hoy en tu vida que amas o quieres con todo tu corazón? ¿Los llevas a todos presente? La pensión era la familia que muchos quizás no tuvimos. En mi caso, venía de una familia junta pero no unida, y acá éramos demasiado unidos. Algunos de los jugadores de la pensión habían perdido a madres, padres, hermanos, amigos, pero el fútbol, la pensión y nosotros hacíamos que todos esos problemas quedaran en el olvido. Yo había encontrado algo que había perdido. Había encontrado una familia en otro país. Había toda clase de circunstancias: momentos donde la gente estaba amargada porque en los entrenamientos no se desempeñaron como lo deseaban, o en el partido no jugaron como se lo imaginaron o de acuerdo a como nos habíamos preparado; había momentos en que uno no quería hablar con nadie porque había sido un mal día, pero el amor de la pensión era tan grande que, tarde o temprano, iba a hacer que todo lo anterior pasara para seguir luchando y esperando la revancha para demostrar todo en otra oportunidad.

Los profesores de las diferentes categorías, la gente de utilería, los encargados de cortar el césped, las personas del restaurante, los de seguridad, los dueños de las tiendas cercanas, todos en el barrio se conocían; era impresionante; no sólo el amor se vivía en la pensión, pero en el barrio todos compartíamos un amor por una camisa que nos hacía hermanos. El que amara a Chacharita, amaba al que tuviera puesta la camisa del club. Carlos, con el transcurso del tiempo, empezó a darme mucha más confianza y me entregó las llaves de la pensión donde yo me quedaba; eso significaba que yo tenía que poner orden en la casa. Cuando se aproximaban las 9:45-10:00 p.m., le ponía llave a la casa para que todo estuviera seguro. También me responsabilizaba de que todos estuvieran acostados, y que el Wi-Fi estuviera desconectado para que algunos de los pequeños jugadores no se quedaran pegados con la Internet. En las noches, y algunos fines de semana, también era el encargado de comprar lo que faltaba; esto se hacía en la tienda o en la facultad, como le suelen llamar: compraba los panes, los refrescos y demás cosas. Ese liderazgo dentro de la pensión iba cultivando en mí una responsabilidad grande, y en la hora de los partidos eso influía mucho porque no se trataba de hacer las cosas solamente como a veces uno quiere, sino que acataba las instrucciones del técnico para que el equipo jugara como él quería y para lo cual nos entrenaban durante la semana.

En las noches, al dormir, siempre oraba: pedía por mis familiares en Colombia, por mis compañeros, por mis amigos, y dormía muy feliz. En Argentina ya no me pasaba eso que varias veces me afectaba en Colombia, que eran los pensamientos recurrentes de que me iba a morir, o que estaba enfermo; en Argentina, el amor por el fútbol, la seguridad de la pensión, la confianza de mis compañeros, el entorno, y el liderazgo que Carlos me había otorgado por su gran confianza, fueron despertando una seguridad profunda. Ya no tenía preocupaciones sobre la muerte. Ya no tenía esos pensamientos negativos en mi cabeza. No obstante, después de un tiempo, empezaron a llegar preguntas a mi cabeza: ¿Será que, para ser más grande, debo irme a otro equipo? ¿Será que me quedo en Chacarita? ¿Por qué no trato en otro equipo? Me llegaban esta clase de preguntas. Ya no estaba pensando algo que tenía dentro de mí, estaba pensando en otro equipo, después de un tiempo alrededor de un año. ¿Qué quiero decir con todo esto, amigo y amiga? Cometí algo que en el fútbol es muy malo, llamado deslealtad (por decirlo así). Carlos era como un padre que me adoptó en el fútbol, me brindó todo y me apoyaba al cien.

Yo le comentaba que quería irme a otro equipo a pesar de que estaba muy bien acá; pero mis pensamientos eran un poco idiotas en ese momento. En realidad quería ir a otro equipo por el tema del dinero, la ambición, y las ganas de querer más hacía que no mirara en realidad las cosas buenas que tenía, la gente, el apoyo, la confianza, todo.

En el fútbol se acercan muchos representantes para decirte que te van a ayudar o que te podrán ubicar en otros equipos, y así fue. Conocí a una persona, muy buena gente y carismática, que estaba en el mundo del fútbol y tenía ciertos contactos para lo que yo estaba pretendiendo. Él me planteó una buena opción: me dijo que quería que jugara en Racing Club de Avellaneda, un equipo muy grande de Argentina, de los más relevantes de este país. Muy emocionado estaba cuando me planteaba estas cosas. Así que se empezaron a hacer los trámites, empecé a hablar con el presidente del equipo de Racing, ya se estaba definiendo todo para mi fichada. En el fútbol "todo se sabe", tarde o temprano; todos se enteran de los movimientos que uno hace. Yo estaba haciendo algo que no era justo con Carlos, con la gente de Chacarita. Yo le había comentado a él mis deseos de irme, pero en realidad estaba muy bien en el equipo; por eso Carlos no se afanaba para moverme a otro lado.

Racing estaba pasando por un mal momento en ese entonces. El presidente y el técnico del equipo fueron destituidos del Club, y todo lo que yo venía hablando se fue para atrás. Estaba sumamente triste, el chisme o la noticia se empezó a regar en mi barrio: «¿Te quieres ir? Pues, vete, entonces». ¿Qué significaba esto? Como había cometido este acto desleal, ya no me tenían en cuenta para jugar. El ambiente estaba tenso porque vieron cómo hice mal las cosas. Me di cuenta de que uno se ciega por querer más. Yo no quiero que seas conformista, amigo y amiga; puedo dar garantía de esto: Dios nos trajo para grandes cosas en este mundo; pero yo no estaba actuando de la mejor manera, no estaba actuando con amor sino con ambición. Había defraudado la confianza de la gente que más me quería, de la familia que había conformado en Argentina. Todo esto lo hice porque pensaba que el dinero me iba a traer, de pronto, más felicidad y más fama.

En realidad hoy te digo, amigo y amiga, que esto es farsa, es una mentira; como te dije anteriormente, no digo que seas conformista pero te lo digo hoy después de unos años: yo era muy feliz en mi barrio, con mi gente, tenía todo, e incluso propuestas iban a llegar pero no era el momento. Creemos que tener más dinero, tener más fama y tener nuevas amistades nos va a traer la felicidad que estamos buscando, pero no es así. Estar pensando en irme, me cegó; no me permitió ver todo lo que Chacarita me brindó y me brindaba. Estaba pasando un momento feo ahora en el equipo porque yo mismo lo había buscado. A pesar de que la gente me quería, ya no iba a jugar porque había orden de los superiores para eso; había mostrado mis ganas de irme, pero ellos me iban a mostrar que el que no valora lo que tiene, cuando lo pierde, lo empieza a hacer. Me estaba pasando esto, sin embargo; entrenaba dos veces más duro, estaba en un nivel muy bueno, yo era el primero en llegar y el último en irme; pero ya eso no importaba, ya había cometido la falta, y en el fútbol es imperdonable este tipo de cosas.

Por las noches no dormía bien, no estaba descansando como era adecuado; los entrenamientos eran fuertes y se necesitaba mucho un descanso que no estaba teniendo. Dejé de vivir en la pensión para hacerlo en un apartamento lujoso en Palermo, en la Capital Federal, algo retirado de donde vivía en el Barrio San Martín, donde quedaba el club. Este mal descanso y esta preocupación me llevó a tener una sobrecarga excesiva de trabajo en la parte del tren inferior. El médico me dijo que tenía o que llevaba arrastrando una pubalgia.

La pubalgia es conocida como pubalgia atlética o hernia del deportista, o, más comúnmente, dolor de ingle. Es una lesión de la región inguino-púbica que se presenta al realizar actividades deportivas de forma habitual. Por lo general, el dolor es un síntoma de una osteopatía dinámica de pubis o una entesitis púbica, y se irradia hacia las zonas cercanas a las ingles o del bajo abdomen. Existen tres tipos de acuerdo al lugar donde se halle: 1) Alta: producida cuando se inflaman los músculos rectos anteriores del abdomen. En este caso, dolor es dado por un problema muscular en la zona abdominal. 2) Baja: está en los músculos aductores; hay tres tipos: mayor, medio y menor. Afecta, en general esta lesión, el aductor mediano. 3) Mixta: producida cuando existe conexión entre ambos grupos musculares.

Un ejemplo de deportistas que sufren esta lesión tan común y molesta son los futbolistas, porque, por norma general, sufren una gran carga de trabajo en esta zona, y no disponen del tiempo necesario para una correcta recuperación, debido a la cantidad de partidos que juegan semanalmente.

Yo llevaba tiempo con estos dolores pero prefería no pensar en ello. No quería ahora, además de no ser tenido en cuenta, tener una lesión. Por mi lado, solo soportaba el dolor, ignorando las repercusiones. Posteriormente, no podía correr y tomaba pastillas constantemente; no estaba haciendo las cosas como se debían hacer. Para recuperarme, entonces, requería un par de meses porque ya tenía esta lesión avanzada. Opté por tomar un tratamiento de plasma donde, con mi propia sangre y mediante un proceso de centrifugación, se obtienen las plaquetas para curar lesiones de una manera más rápida. Era un tratamiento costoso, pero era la mejor manera para recuperarme en un menor tiempo. Todo esto ocurría en unas vacaciones, en un diciembre, en mi ciudad Barranquilla, mientras disfrutaba de mi país para no estar concentrado solamente en la lesión.

Después de un tiempo me recuperé de esta lesión, pero quería venir a mi país a ver si podía jugar en Colombia. Empecé a gestionar todo para eso. Mi papá no me apoyaba tanto en el fútbol porque no iba con sus gustos; él era muy bueno en las cosas musicales, en los estudios; yo, en cambio, era muy malo en todo eso: me destacaba en lo deportivo. No obstante, él tenía un contacto para poder entrar a un equipo de fútbol de la ciudad: UniAutónoma F.C, un equipo de primera división del fútbol colombiano.

Me dispuse a regresar a Colombia, y despedirme de todos iba a ser un poco duro; sabía que los iba a extrañar, pero iba en búsqueda de mis sueños. Volvía para tratar de resaltar, de estar más en mi país. Despedirse de mis hermanos del fútbol y la gente del equipo era sólo un hasta luego; sabía que no iba a volver por tiempo a Argentina, pero siempre los iba a llevar en mi corazón.

Gracias por tanto, Argentina. Gracias, San Martín.

¡Aguante, Chaca, por siempre!

Las enseñanzas que nunca olvidaré de Argentina

01. La disciplina es fundamental en el fútbol y en la vida.

02. El amor por los demás hermanos (compañeros).

03. La familia dentro del campo y fuera del campo de fútbol.

04. La sinceridad.

05. Todo se olvida durante un partido.

06. Dar todo por la camiseta que representas.

07. No es un club solamente, todos somos una familia.

EN BUSCA DE LA "FELICIDAD"

Capítulo 7

En Barranquilla hay expresiones como: «¡Esto es un pueblo!», «¡Todos se conocen en esta ciudad!», «¡Barranquilla es un pañuelo!». Esto siempre se escucha por acá en mi tierra, y es cierto, la gente conoce la vida de los demás de una manera impresionante. Llegando a mi ciudad, muchos —que ni siquiera conocían el club donde jugaba—, me pedían fotos, me llamaban los medios para entrevistas, para reportajes; incluso, "amigos" me llamaban para invitarme a almorzar con su familia porque "llevaban años que no me veían", o porque había estado "perdido". «Oye, ¿qué hay de tu vida? ¡Veo que te anda yendo muy bien!», me decían constantemente. Era chistoso pero así pasa a menudo.

Me gusta mucho lo que dice Jesús en Lucas 4:23 24 (NTV) porque, antes, varias personas me conocían pero, de cierto modo, cuando empecé a resaltar en el exterior, las puertas acá en mi propia tierra se empezaban a abrir más. Antes, por el contrario, éstas estaban cerradas y casi nadie me ayudaba. Cuando me fui, recibí muchas críticas, incluso de mis familiares. Muchas personas lejanas y cercanas me decían que eso era bien difícil, que mejor me dedicara a otra cosa, o que la competencia es muy dura, «Yo no creo que llegues a cumplir tu sueño». «Ese sueño está complicado». «No hagas eso; mejor toma otro camino». «Dedícate a estudiar». «Qué mal juegas». «Si fuese fácil ser futbolista, yo hace mucho lo hubiese hecho». La verdad, podría escribir otro libro con todas las cosas que escuché cuando me fui. Luego un tiempo, todos me recibían con aplausos, todos eran mis amigos, todos eran mis familiares nuevamente. Siempre lo he dicho y siempre lo diré: estoy seguro de que, si no me hubiese ido a Argentina, acá en mi tierra no me hubieran reconocido como posteriormente lo hicieron. Este tipo de eventos suceden muy a menudo: luego de que les va bien en otro lado —porque en su propio sitio no los valoraban—, regresan para para hacer grandes cosas; definitivamente, siento que así estaba pasando conmigo. Gente que nunca me había visto jugar ya decían que sí, que yo era un gran jugador. Se decía que, si yo jugaba en Argentina, era porque jugaba mucho al fútbol. Alguien una vez, en esos términos, me dijo: «en Argentina todos corren demasiado»; él ni se imagina, en serio, lo que se corre allá en el fútbol.

Sentía que Dios me hablaba cuando dejé todo por el fútbol. Sabía que iba a ser complicado pero estaba convencido que grandes cosas, por medio de la fe, se hacen y así fue. Todos los días vivía una experiencia nueva en mi ciudad, en mis redes sociales me llegaban mensajes de bendiciones de personas desconocidas, o personas en el Facebook me empezaban a escribir deseándome lo mejor, diciéndome cosas como: «Yo sabía que te iba a ir bien, me alegra que te esté yendo muy bien». «Yo se lo dije a un amigo: a Nayib le va a ir muy bien». Amigo, amiga, ¿les ha pasado? ¿Cuando empezaron algún proyecto, algunas personas, al inicio, no los apoyaban, pero tiempo después ya todos eran sus seguidores? Siempre va a suceder esto, así que acostúmbrense. Sin duda, lo que más me gusta de esto es entender que Dios es bueno; no era, ni será, Él es. Siempre ha sido el mismo; Dios me apoyaba desde siempre: cuando la gente me apoyaba y aun cuando no. Dios es amor, y hoy lo entiendo. Estando acá en el equipo UniAutónoma F.C., ya sin lesión, compartiendo con nuevos compañeros, en mi apartamento, con algunas cosas materiales que no pude llevarme para Argentina, era agradable; era agradable ir a entrenar, llegar a mi propia casa, a pesar de no estar viviendo con mi familia, había construido una "familia" nueva. Estaba en búsqueda de la felicidad en mi propia tierra, jugando al fútbol, volviendo a entrenar después de una dolorosa lesión, en un equipo de mi ciudad. ¿Qué más podía pedir, no?

Sabía que no iba a estar al nivel en que estaba antes porque, a pesar de que me encontraba físicamente muy bien, no estaba bien de ritmo de fútbol. Me encontraba de peso muy bien; estaba recuperado, pero llevaba tiempo en el cual no jugaba al fútbol en competición. Normalmente, un futbolista, cuando se lesiona, sigue entrenando para recuperarse, hace terapias activas para ir tapando la lesión; el fortalecimiento es muy importante en esto. Yo seguía entrenando, pero no en mi mejor forma; llevaba tiempo sin jugar al fútbol, porque quería evitar tener choques y también para no patear el balón con mucha fuerza, o correr y hacer los cambios de velocidad al máximo, tenía que ir volviendo de a poco. Era obvio que estaba bien pero iba a ir recuperando más ese ritmo profesional con tiempo y con mucha disciplina, hasta llegar a estar como quería. Sin embargo, algunos meses después pasó lo que en ese momento llamé: "la peor maldición de mi vida", pero que terminó convirtiéndose en lo mejor que me pudo suceder: "la mejor bendición".

CONOCE TU PROPÓSITO

Capítulo 8

«Y sabemos que a los que aman a Dios, todas las cosas les ayudan a bien, esto es, a los que conforme a su propósito son llamados».

(Romanos 8:28)

Te has preguntado: «¿Cuál es mi propósito?», hablando en el presente. Ahora bien, surge otra pregunta: «¿Cuál será mi propósito en el futuro?». A muchos estas preguntas les parecen familiares. Estando en Argentina también se me pasó esto por la mente, después de estar cumpliendo alguno de los sueños que tenía en mi corazón. Yo me pregunté varias veces cuál sería mi propósito.

Miremos un poco sobre lo que es el propósito:

1. Intención de hacer algo.

2. Aquello que se desea conseguir.

Creo que el nivel más profundo del ser humano es preguntarse para qué viene a esta vida. Las personas en el mundo se la pasan buscando el sentido de su vida o la famosa felicidad que, al hallar el propósito, encuentran.

Unos meses después en mi país, estando en mi ciudad practicando con el equipo, un día como todos, vivía una vida normal: el entrenamiento era en la tarde, era un día feliz, con evidentes contrariedades como cuando el televisor no enciende al primer intento, como cuando uno camina descalzo y se golpea el dedo meñique del pie con algo que estaba en el camino —¡qué dolor!—. Un día normal. De esos días, estando en el entrenamiento, vistiéndome, nos encontrábamos en el Estadio Metropolitano Roberto Meléndez con algunos jugadores de la Sub-20, quienes habían subido a estar con nosotros. Ya casi por finalizar el entrenamiento, en una disputa por un balón, un compañero se me tiró en un movimiento de jugada que hizo, y cayó encima de mi pierna izquierda. En ese momento el tiempo se detuvo para mí. En ese instante vi todo en cámara lenta: vi cómo mi compañero caía encima mío sin que yo pudiera hacer algo al respecto. Inmediatamente el sonido que escuché no era normal: un crujido desgarrador sonó. El dolor que sentí era tan impresionante que no pude dejar de lamentarme en la grama del estadio más importante de mi ciudad. Sentía un ardor tan intenso que sólo quería que se detuviera. No entendía qué estaba sucediendo. Seguía sin entender qué pasaba cuando veía a mis compañeros que se acercaban y se agarraban las cabezas; otros ni siquiera miraban quizás por temor, o los que bajaban la cabeza con tristeza. Posteriormente, me llevaron al vestuario del estadio. La rodilla estaba muy hinchada y muy caliente; parecía una pelota de fútbol. No podía caminar del dolor. Cuando intentaba afirmar la pierna en el piso, tenía la sensación de que la pierna se me movía sola.

—Indudablemente es una lesión de rodilla —dijo el médico—, pero por la inflamación no podemos realizar unas pruebas: hay que hacer que disminuya la inflamación; probablemente los ligamentos estén comprometidos.

En el bus del equipo, en la noche cuando había finalizado el entrenamiento, no podía dejar de llorar. Estaba desgarrado. Me hacía el fuerte con algunos compañeros que estaban ahí, pero estaba furioso porque no podía caminar. Ya el dolor había disminuido pero sabía que iba a ser una noche difícil, aunque estaba un poco confiado de que iba a salir adelante.

Vivía solo en mi apartamento, pero por la dificultad de caminar, llamé a mi papá para que me ayudara; él llegó enseguida, y veía cómo lloraba; estaba devastado. Me dio unas pastillas, me acomodó para dormir, y me dijo que estuviera tranquilo, que al día siguiente iba a venir temprano para ayudarme a ir al médico para que me hicieran las pruebas. Cuando mi papá se fue, no paraba de gritar de la rabia: «¡¿POR QUÉ?! ¡¿POR QUÉ A MÍ?! ¿Qué hice de mal para merecer esto? ¡¿POR QUÉ EN ESTE MOMENTO ME PASA ESTO?!». Estas preguntas no me detenía de gritarlas. Esos pensamientos que tuve alguna vez de niño, ahora volvían de una manera fuerte por lo que estaba viviendo. «Mi vida se acabó». «No volveré a jugar fútbol». «Mi vida se arruinó». «Soy un fracasado». «Qué mala suerte tengo». «La vida es una porquería». Estas cosas no paré de pensarlas y de decirlas.

Amigo, amiga, ¿qué situación has vivido en tu vida que te ha hecho sentir este tipo de cosas que yo estaba sintiendo en ese momento? O, ¿qué circunstancias te han hecho pasar por eso? Me estaba preguntando si Dios, tanto me quería, por qué había permitido que me pasara esto tan doloroso. No sé cómo terminé durmiendo, pero creo que fue por todo lo que lloré. Al día siguiente, mi papá llegó por mí para poder ir al médico y que él me revisaran la rodilla izquierda. Había que desinflamar la rodilla para hacerme la resonancia magnética; era necesario mucho hielo y pastillas antiinflamatorias. Una semana después me realizaron la resonancia magnética.

En el resultado apareció: rotura completa del ligamento cruzado anterior (LCA), acompañada de una lesión del menisco medial, que se había roto en un 20%. En otras palabras, había que pasar prontamente por el quirófano. En ese momento, año 2014, un gran jugador del fútbol colombiano, quien también tuvo mucha gloria en Argentina, Radamel Falcao García — ¿lo conocen?: un crack—, había quedado por fuera del mundial al inicio del año por esta misma lesión que yo vivía: El hashtag era #FalcaoNoVaAlMundial #NayibTampoco.

Pasar por el quirófano iba a ser una experiencia totalmente nueva para mí. Nunca había atravesado por una situación de estas; ya quería entrar a cirugía y que me reconstruyeran lo que se me había dañado en la rodilla. Días antes vi todos los videos de YouTube acerca del procedimiento; incluso me había vuelto —en teoría, por supuesto— un médico ortopedista. Ya conocía exactamente la cirugía que iba a recibir. Google me tenía adicto. Ya había pasado de una súper tristeza a una ansiedad, y empezaría muy pronto la recuperación, que se veía algo extensa, pero que estaba convencido de que iba a estar bien, costara lo que costara. Eran apropiadamente seis o siete meses para volver a jugar fútbol profesional; un tiempo bastante largo para un futbolista.

La operación se estaba tardando por un tema de aprobación médica y lo demás, pero yo hacía mi plan de trabajo preoperatorio para prepararme y que la cirugía no me agarrara tan fuerte. Cuando llegó el día de la cirugía, me habían realizado todos los exámenes previos, y todo había salido muy bien, gracias a Dios. Siempre pensé que iba a estar con mucho miedo; sin embargo, la verdad era que me encontraba ansioso al ver esa experiencia, al ver qué se sentía. Me prepararon para la cirugía, me canalizaron, empezaron a darme los relajantes, se sentía todo muy tranquilo. A uno lo visten con una bata pero, más bien, estaba todo desnudo. Me pusieron un gorro al estilo de baño, también unos gorritos en los pies. Hacía mucho frío. La ansiedad, más el frío, me hacían temblar. El médico anestesiólogo me dijo que sería anestesia general para que cayera rendido, así que, cuando despertara, ya estuviera operado. Cuando me puso la anestesia me dijo que contara hasta tres: «uno, dos...». Caí rendido.

De repente, me encontraba en Argentina, compartiendo en la pensión con todos mis compañeros. «¿Qué es esto?», me preguntaba. «Pilas, Nayib, vamos tarde para entrenamiento», mis compañeros me decían. Alisté las cosas: las tenía en mi cuarto, y de una salimos corriendo para el Polideportivo de Chacarita. El entrenamiento arrancó. Estábamos en invierno. Estaba jugando muy bien: pases venían, pases daba; un entrenamiento normal de un futbolista. De un momento a otro me trasladé para el camerino. Estábamos todos con uniforme de un partido oficial e iba a dirigir la oración antes de salir al campo; oré todo el Padre Nuestro. Empecé a decir a mis compañeros lo mucho que los quería, lo importante que era el partido que íbamos a disputar —no sabía contra quién íbamos a jugar—. Luego, salimos con toda la energía a ese terreno, y empezó el partido. La gente gritaba, se escuchaban los cantos, los aplausos, qué lindo todo. Me dieron el balón, corro casi llegando al área para patear al arco rival, cuando, de pronto, todo se detiene, todo empieza a tornarse blanco. Cuando se quita la pausa del tiempo, recibo una patada tan fuerte que caí al suelo y, ahí, nuevamente no podía parar de lamentarme en el suelo. ¡Esperen! Esta escena ya la había vivido. ¿Qué estaba pasando? Todo, nuevamente, se empezó a ver cada vez más blanco... ¡PUM! Gritaba del dolor, no podía dejar de gritar: «¡¡¡NO!!! ¿¡POR QUÉ?! ¡¡¡NOO!!!». Con los ojos entreabiertos, veía las caras de personas que me trataban de calmar; no podía soportar el dolor en la pierna. En el fondo se podía escuchar un sonido insistente: bip, bip, bip...: me encontraba amarrado en una camilla. Sin embargo, escuché una voz desconocida que decía: «TODO VA A ESTAR BIEN».

—Hay que dormirlo, hay que dormirlo —decían

unas voces agitadas.

—¿Dónde estoy? Este no es el quirófano, ¿o sí?

¿Estoy en casa? —me preguntaba estando en la

sala de recuperación.

—¿Cómo te sientes? —preguntó la enfermera—. Estás más
   tranquilo, por lo que veo. Te sirvió hablar con el doctor.

—¿Cómo así? ¿Cuándo hablé con mi doctor?

—¿No recuerdas?

—No, para nada. No recuerdo nada —le dije.

—¡Hablaron de todo! Te explicó que la cirugía había sido un éxito, que reemplazó el ligamento cruzado anterior que se te había roto por un injerto que sacó del tendón rotuliano, que te hizo una técnica llamada HTH (Hueso-Tendón-Hueso); en pocas palabras te dijo que te había realizado el mismo procedimiento que en Alemania le habían hecho a Radamel Falcao.

Cuando me dijo eso, levanté inmediatamente la sábana que me cubría: tenía la pierna extendida con un vendaje sumamente apretado, de color blanco impecable. La pierna la sentía pesadísima, no podía levantarla; empecé a llorar inmediatamente.

—¿Por qué lloras, cariño? —me preguntó la enfermera—. Ya estás perfecto. Ahora tienes que mantener mucho reposo para que te recuperes muy rápido. Tú eres fuerte, eres futbolista, tienes esa ventaja.

Yo, sin embargo, no podía parar de llorar. Sentía dolor cuando me movía un poco para acomodarme; no obstante, no lloraba por eso: verme con la pierna muy hinchada me puso muy sentimental. Llegaban pensamientos a mi cabeza: «No vas a volver a jugar fútbol», «lo que te dijo el médico es mentira», «¿todo fue un éxito?», «¿será que cuando me vaya de la clínica se romperá eso?», «¿cómo se sabe que fue un éxito toda la operación?». Tenía una batalla en mi mente, y voces que me hablaban; ¡quería que se callaran! Todo esto generaba que llorara más, sin saber qué hacer, y sin poder caminar, o moverme. Estaba muy desesperado.

Cuando llegó mi nana, Ada Luz Paz, definitivamente trajo paz. Me ayudó a bajar de la cama, a trasladarme en una silla de rueda para tomar un carro para ir a casa a reposar. Llegué a mi casa a dormir, y todavía me encontraba algo mareado por los efectos post anestesia. Comí algo; luego de eso, dormí.

Al día siguiente cuando me despertaba, traté de levantarme para ir al baño; quité la sábana de mis piernas y, como si nada tuviera, intenté ponerme de pie: ¡qué dolor! Recordé, justo ahí, que había sido operado. Se me había olvidado por completo.

—¡ADA! ¡ADA! ¡ADA! —empecé a gritar.

—¡Acá estoy! ¡Acá estoy! —me decía.

Nuevamente esa tristeza se apoderaba de mí. Mis lágrimas corrían por mi rostro, desesperado de no poder ir a entrenar, o ir ni siquiera al baño por mi cuenta. Ella me decía: «Ay, Nayo, no llores, tranquilízate; pronto volverás a jugar». Lo difícil era que, estando acostumbrado a entrenar todos los días, de un momento a otro ya no podía; hacía que mi corazón estuviera desgarrado por completo. Fueron unos días difíciles porque me costaba entender que estaba operado, que debía tener mucha cautela al hacer movimientos o cuando dormía en una misma posición; cuando me daban ganas de ir al baño era una pesadilla, ni quería tener las sensaciones por ir. El apetito, de igual forma, lo estaba perdiendo porque me sentía que no merecía comer si no estaba haciendo nada de entrenamiento. No hay nada más sabroso que, después de un gran entrenamiento de fútbol, ir a comer un gran banquete y luego descansar, sabiendo que no iba a afectar porque se habían quemado muchas calorías; en mi caso, como estaba operado, sentía que no debía comer, aunque era necesario. Como la pierna estaba completamente extendida, yo sentía como si tuviera una cuerda allá dentro, como si ahí me la hubieran puesto —en realidad era un injerto—: era muy extraño sentir lo que había dentro de mi rodilla.

La rodilla se encontraba muy hinchada por sangre y líquido, que iba a producir una atrofia muscular: la pierna se empezó a disminuir en grosor, e iba perdiendo la musculatura que tenía: el cuádriceps no podía apretarlo, y, de tanto parar el tiempo en reposo acostado, los isquiotibiales estaban morados. Nueve días después ya me encontraba en la casa con unas vendas; movía los pies, me ponía hielo con mucho cuidado; en 15 días me iban a remover la venda para ver cómo estaba todo. Al pasar estos días, a estaba un poco más activo, lo que hacía que no estuviera tan desesperado con el tema de no poder moverme; sin embargo, ya no quería dormir, me dolían las nalgas de tanto estar acostado. Constantemente el médico llamaba para ver cómo me encontraba, y la rodilla iba respondiendo muy bien: la inflamación bajaba con el pasar de los días, las terapias en casa iban progresando positivamente.

Los pensamientos que me agobiaban al principio, después de unos tres meses, ya empezaban a irse. Ya andaba en la fase donde podía hacer gimnasio con cuidado, ya había recuperado el caminar, la flexión de la rodilla completa estaba en proceso, había que recuperar la masa muscular, adaptar la rodilla poco a poco a los trabajos, también poner mucho hielo para quitar los dolores que quedaban en la rótula por el maltrato del injerto que me habían removido.

Todos los días me levantaba con una fe asombrosa. Me levantaba a las 4 a.m. a desayunar para ir a terapia, que eran dos veces por día; y en la noche, en mi casa, seguir con trabajo de vendas. Sé que estaba haciendo demasiado, pero estaba muy controlado. En las mañanas utilizaba mucho hielo, ejercicios en el gimnasio bajo supervisión —en el tren inferior, medido; en el superior, mucha fuerza—; igualmente, montaba mucha bicicleta, y recibía masajes. En la tarde, volvía a hacer lo mismo, pero ya el ritmo era más suave. En las noches, mucho hielo, calor, masajes y vendas para las pantorrillas, y buenos estiramientos para descansar bien.

A diario me levantaba leyendo y declarando esto:

«Te amo, oh Señor, fortaleza mía» (Salmo 18:1, RVR 1960); me sentía fortalecido en el Señor. Los días pasaban rápido, entrenaba bastante fuerte, y aprovechaba para compartir con alguno de mis amigos cercanos; los iba a ver jugar fútbol y, al mismo tiempo, trabaja en mis emprendimientos.

Los siete meses pasaron. Me encontraba bien. Empecé a entrenar con el equipo nuevamente, pero el médico aún no me daba la alta, me decía que la rodilla izquierda estaba completamente bien; sin embargo, me iba a hacer exámenes generales para analizar que todo estuviera bajo control; luego de eso me daría el alta médica y estaríamos tranquilos.

Luego de varias revisiones, el médico dijo algo que no entendí.

—Nayib, la rodilla operada está perfecta. Hay que recuperar más masa muscular pero va por buen camino la recuperación que has hecho. Ya hay flexibilidad; ha sido muy rápido. Te felicito. Ahora bien —prosiguió—, en la rodilla derecha te he realizado unas pruebas y no son buenas noticias, aunque no estoy totalmente convencido.

—¿Cómo así, doctor? —pregunté con asombro—. No entiendo lo que me está tratando de decir.

—Nayib —continuó—, la rodilla derecha siento que está haciendo un desplazamiento; es como si estuviera comprometido algo allí.

—Doctor, ¿pero a qué se refiere, si a mí no me han pegado en
esa rodilla? No me duele. ¿Por qué me dice esto, doctor?

—Nayib, vamos a hacerte una resonancia magnética para
salir de dudas — sentenció.

Al recibir los resultados, en ellos aparecía una sombra gris:
era como si hubiera comprometido unos ligamentos de la
rodilla, aunque el médico insistía en no estar seguro.

—Hay que hacerte una artroscopia de rodilla—dijo.

—¿Qué es eso?

—Abriré tu rodilla mediante dos punticos a los lados, entraré con una camarita y revisaré buscando qué es lo que
está comprometido. Estaré preparado para la cirugía en
el caso de que encuentre algo; si no, simplemente cierro
y listo.

Cuando me dijo esto, no lo podía creer. Otra vez tenía que pasar por un quirófano para poder jugar fútbol o para estar completamente bien, como el médico decía. Yo me sentía bien, no sentía
dolor en la rodilla derecha, pero él era el experto y debía confiar.

El día de la cirugía, dos días después de mí charla con el médico, la cosa no empezaba a pintar tan bien como había sido la primera experiencia en el quirófano. La enfermera, una mujer que
estaba canalizándome, ya había intentado como diez veces meter
la inyección en el brazo y me decía al no poder dar con la vena:
«¡Tranquilo, papito, quédese quieto! Ya la voy a encontrar...».
El brazo terminó morado de no poder encontrarla. Sentía que
algo no estaba bien, definitivamente mi brazo no lo estaba, ya me

dolía un poco pero me refiero también a tener la sensación de que algo iba a ocurrir. Yo sentía que había algo que no estaba bien; no estaba ansioso, sino nervioso. Cuando entré al quirófano, nuevamente ese frío insoportable, esa bata y de resto todo desnudo. Esta vez pedí un gorrito para mis partes íntimas: era como un pañal un poco chistoso, porque ese frío era inaguantable. Luego, ponen todos los cables para el seguimiento de la respiración, del corazón y demás; ¿has pasado por un quirófano? Los muchos aparatos que hay que tener son simplemente de película, y, para colmo, también te amarran.

Al despertar de la cirugía, esta vez no había soñado absolutamente nada, pero durante un tiempo sí escuché una voz que decía: «TODO VA A ESTAR BIEN». Nuevamente esa voz que escuché en la primera cirugía volvía a decir esas palabras. No sentía dolor, sólo veía las manos del médico anestesiólogo en mi pecho diciéndome: «Nayib, tranquilo, la operación se canceló». «¿Qué? ¿De qué hablas?». Cuando me sacaron del quirófano, en la administración se encontraba mi doctor. Él se hallaba de una manera en la cual nunca lo había visto: se encontraba rabioso, bastante alterado, hablando con la mujer de la recepción interna antes de entrar al quirófano. El médico, se dio la vuelta y me vio que venía en la silla de rueda:

—Hola, Nayib, ¿cómo estás, hijo?

—Bien, doctor, gracias a Dios. ¿Qué pasó con la cirugía?

—Nayib, la operación se tuvo que cancelar porque una máquina el Shaver se dañó antes de iniciar la cirugía. Este aparato continuó vale muchísimo dinero, y es como si fuera una escoba para limpiar los residuos de la rodilla. No puedo operar sin esta máquina sentenció: No hay una de repuesto. Y ahí está el gran problema. Si esa máquina se hubiese dañado en el momento cuando yo te estaba operando, sin haber una máquina de repuesto para continuar, me hubiese tocado desarmar toda la rodilla mediante una técnica diferente, para un atleta de alto rendimiento.

El doctor cuando me estaba comentando esto. ¿Ustedes qué piensan que se podía estar pasando por mi cabeza en ese instante? Bueno, les diré la verdad de mis pensamientos: me moría por una empanada llena de pollo, con un jugo de naranja bien ácido. Amigos, llevaba ayunando desde el día anterior, ¡qué más se me podía pasar por la cabeza! Además, el estómago me rugía mientras el médico me hablaba. En realidad, no caía en la cuenta de la gravedad del asunto: yo estaba muy relajado; él, por su lado, sí estaba fuera de sus cabales. Definitivamente eso hubiese pasado, y la verdad no sé si hubiese podido volver a jugar fútbol, pero esa voz me decía: «TODO VA A ESTAR BIEN».

En definitiva había que programar nuevamente la cirugía. El médico estaba muy furioso con la clínica; él quería cambiar de sitio para intervenirme, pero, como ya teníamos todo adelantado ahí, decidimos volver a operarme en el mismo sitio. La cirugía se reprogramó para una semana después cuando estaría el quirófano y la agenda del médico disponible nuevamente. El tiempo del doctor vale mucho dinero, pero a él le importaba mucho más mi salud que simplemente lo que ganara ahí; el dinero llegaba por su excelente trabajo. La gente en las redes sociales me escribía cosas como: «Ánimo, guerrero», «dale con toda, Nayo», «saldrás de esta, campeón, como siempre». Leer todos esos mensajes me llenaban de mucha felicidad. Esa semana, mientras llegaba nuevamente la operación, estaba relajado, seguía entrenando, fortaleciendo, leía mi Biblia y estaba lleno de mucha fe; sabía que las cosas pasaban por algo y que todo iba a estar bien.

Llegó esa mañana. Estaba en la clínica en ayuna para la operación. Al dar mis datos en la administración, algo no encajaba. La recepcionista me decía:

«Señor, ¿seguro que usted tiene cirugía hoy?» «¿Cómo así? pregunté. Obvio: acá dice en los papeles». «Sí, señor, pero acá en sistema no me aparece. No entendemos qué está pasando». Esa sensación de que las cosas no iban por buen camino, me invadía en mi corazón. Ada, mi nana, no salía de su asombro: «Ay, Dios Santo. Ay, Dios mío». Después de un tiempo, la recepcionista me dijo que, al parecer, había unas fallas en el sistema pero que me iban a preparar para la operación. Nuevamente: canalizarme y el frío del quirófano. Esperando, noté que el anestesiólogo no aparecía, ni tampoco el médico ortopedista, mi médico; queriendo tener el celular para llamarlos y decirles: «Hey, doc, estoy acá en el quirófano esperando, ¿será que se puede apresurar un poco ya que hace bastante frío? Sin embargo, el tiempo pasaba y ahí me encontraba, en la camilla acostado, escuchando una música de fondo. Alrededor de una hora después, entraron unas enfermeras a decirme: «Nayib, la cirugía se ha cancelado». «¡¿Qué?! ¿Otra vez? ¿Y ahora qué pasó?» El médico y el anestesiólogo no se presentaron. La clínica no había coordinado con la agenda del médico, por lo cual yo me encontraba echándome una siesta en un quirófano y mi médico estaba sin saber que me encontraba allí. ¡Qué locura! ¡De película todo! Yo era el protagonista principal.

No podía creer lo que estaba sucediendo: ya era el segundo momento de la operación que se cancelaba. Tenía mucha impotencia porque quería volver a jugar, extrañaba mucho el fútbol, me hacía falta estar en ese ambiente con los compañeros, el día a día del deporte. También empezaron las críticas: «¡Eso está peludo!» «¡Deberías mejor dedicarte a otra cosa!» Y la que más detestaba era: «¡Ponte a estudiar!» «¡Estudiar te asegura la vida!» Ya ni siquiera lloraba; estaba demasiado furioso porque en mi corazón estaban todas las ganas de recuperarme, pero ya no dependía de mí: necesitaba que el médico me hiciera el procedimiento para tener el alta para estar seguro de que me encontraba apto para jugar. El médico me habló para, nuevamente, programar la cirugía, pero esta vez tomé un tiempo para pensarlo porque había tomado la decisión de no jugar más al fútbol. No quería saber nada de fútbol; estaba amargado con todo; no quería saber de nadie.

Nunca se me olvidará que llegué a la casa y me encerré en el cuarto para tener un enfrentamiento con Dios.

Nayib Vs. YO SOY

Nayib>> ¿Por qué me has abandonado?

Nayib>> ¿Por qué me estás poniendo estas pruebas?

Nayib>> ¿Tanto me amas y permites que me pasen todas estas cosas?

Nayib>> ¿Por qué en mi mejor momento has hecho que me sucedan todas estas cosas?

Nayib>> ¿No fue suficiente con la lesión de Argentina?

Nayib>> ¡Ya no te quiero!

Nayib>> Todos me están dando la espalda y TÚ también lo estás haciendo.

Nayib>> He visto como "amigos" ya ni me hablan, pero ¿TÚ? Eres mi padre y me estás abandonado.

Nayib>> Había puesto toda mi confianza en ti y hoy me siento solo.

Nayib>> No quiero vivir más, Dios. ¿Para qué vivir con todo esto que me está pasando?

Nayib>> ¿Por qué permites que me ataquen tanto?

Nayib>> ¿Por qué no me ayudas a pelear esta batalla?

Nayib>> ¿No te das cuenta de que necesito tu ayuda?

Estaba muy furioso. Hablaba solo y nadie me respondía. Hasta que, de pronto, escuché una voz: «TODO VA A ESTAR BIEN. YO SOY». Reaccioné inmediatamente; quedé perplejo. No podía hablar, me encontraba sorprendido. ¿Todo va a estar bien? Esa voz la había escuchado ya varias veces. ¡Dios mío! ¿Todo va a estar bien? Pero si todo no estaba bien; y con el pasar de los días, tampoco veía que estaría bien. Sentí en mi corazón, luego de esa noche, que debía llamar al médico para acordar la cirugía. Pasaron alrededor de unos 18 días después de pasar este duelo personal y existencial. El médico no me dejó pensar: me dijo que la cirugía sería al día siguiente y que ya estaba todo listo. Has escuchado el dicho que dice: "¿La tercera es la vencida?" Así fue, desde que la enfermera —una nueva, por suerte—, encontró la vena al primer pinchón, sabía que íbamos por buen camino. Mi operación fue un éxito; después de varios intentos, por fin ya estaba operado. El médico había encontrado que en mi rodilla derecha, sin saber por qué —no había recibido ni un golpe ni nada y por la musculatura que tenía en la pierna de pronto no me dolía o presentaban síntomas de dolor—, el ligamento cruzado anterior se encontraba completamente roto. También había que hacer una sutura meniscal pero bastante pequeña; tenía lo mismo que en la rodilla izquierda, al parecer: ya tenía FalcaoxDos, pero no presentaba síntomas de dolor. El hashtag de moda era: #NayibNoVaParaLaCopaAmérica.

Entraría, otra vez, a un proceso extenso de recuperación: unos siete meses era lo indicado. Esta vez ya tenía experiencia porque ya lo había pasado con la anterior rodilla; así que iba a ser más fuerte, y sentía que el proceso iba a saber manejarlo mucho mejor, con menos miedo. Con todo el dolor que estaba soportando, esta vez lloraba, no por el fútbol, sino por nostalgia porque creía que no quería jugar más; aunque sí quería, sólo que esos momentos no me importaba un balón, un campo, nada. Lo más bonito que pude aprender de todo este proceso fue que nunca había valorado mis piernas, nunca había amado tanto ir al baño, nunca había amado ir a bañarme o a la cocina a buscar mis propias cosas; ya el fútbol me daba igual. Lo mejor que aprendí de todo esto fue que las cosas que haces a diario como caminar, respirar, etcétera, a veces las haces como si fueras un robot; vivimos la vida, se pasan los días y los momentos se nos escapan. Amigo, amiga, no sé si has vivido situaciones de enfermedad, de incapacidad por un accidente, pero, para mí, lo más bonito que pude aprender de todo esto fue valorar la vida que tengo. Valorar y estar agradecido con todo, porque nunca lo estuve, nunca estuve agradecido con las cosas que tenía como caminar, comer, salir, hacer ejercicio;

ya lo hacemos como si estuviéramos programados. Qué lindo fue haber aprendido durante casi 14 meses a valorar todo para poder conocer mi propósito. Al tiempo que me recuperaba, mi historia de vida se volvía tendencia: estaba siendo invitado a universidades, colegios, eventos, shows, noticieros, revistas a contar todo por lo que estaba pasando, para enseñar   a las personas, de diferentes edades, lo lindo que es la vida, y, en mi caso, después de todo lo que pasé, poder valorarla; igualmente, demostrar que, a pesar de todas las cosas difíciles, sí se puede salir adelante, con disciplina y constancia, y que la fe en Dios dará las fuerzas cuando ya se sienta que ya no se puede avanzar; entender que Él nunca te ha abandonado, ni tampoco lo hará. Todas las cosas obran para bien y así fue. Dios no me puso estas pruebas, pero sí me enseñó, a través de ellas, su gran sabiduría. Antes de darte unos puntos de reflexión, que aprendí de todo por lo que pasé, te diré qué entiendo hoy, después de ya un tiempo transcurrido.

«Todo va a estar bien, yo soy»

Era la voz de Dios diciéndome que todo iba a estar bien, a pesar de que yo no lo veía en el momento por las cosas que estaba sufriendo, por el dolor que estaba pasando; recuerda que Dios es el principio del principio y es el final del final. Esto significa que antes de todo Él ya estaba, y que después de Él no hay más nada. Él ve todo, Dios sabía que todo iba a estar bien, no en ese preciso momento, pero hoy, mirando a mi pasado, entiendo todo. No podemos saber qué va a pasar en un futuro; puedes planificar y tener una idea, pero ahí está la verdadera fe que pones en el Señor, tu Dios.

Debes estar convencido de que todo va a estar bien, porque Él te ama, y está en el medio del asunto, por lo cual, nunca te abandonará, aunque unas veces te sientas como yo me sentí sin entender. Dios me decía que todo iba a estar bien.

Ahora bien, ¿yo soy? La respuesta la encontré en la Biblia: «Porque yo soy el Señor, tu Dios, que sostiene tu mano derecha; yo soy quien te dice: "No temas, yo te ayudaré"» (Isaías 41:13, PDT).

REFLEXIÓN

01. Agradecer a Dios por cada día.

02. Valora tu salud.

03. Mantente calmado y no pierdas la tranquilidad a pesar de la situación por la cual estés pasando.

04. Jesús es el camino, la verdad y la vida.

05. Dios es YO SOY. Agrégale a todo YO SOY: YO SOY tu respuesta, YO SOY tu futuro, YO SOY tu padre, YO SOY tu pastor, YO SOY tu fuerza ante la debilidad, YO SOY tu provisión, YO SOY la vida, YO SOY el pan de vida. Él es todo.

06. Bloquea esos pensamientos negativos que te atacan en medio de la dificultad.

07. Enfrenta los hechos, pero pelea contra lo que sientes.

08. Enfréntate a los hechos, pero no dudes de que Dios es Fiel.

09. Enfréntate a los hechos, pero pon tu mirada en Dios.

10. A pesar de los hechos, habla cosas positivas siempre.

LIVING ROOM

Capítulo 9

«¡Cuán bueno y cuán agradable es
que los hermanos convivan
en armonía!»
(Salmos 133:1)

Llegando a Colombia, mientras me encontraba jugando fútbol en Argentina, mi objetivo era recuperarme en mi ciudad porque venía arrastrando esta fastidiosa lesión llamada pubalgia. En Barranquilla, mi ciudad, iba a encontrar más tranquilidad puesto que tenía más conocidos y más familiares que en Argentina, y también, de paso, a hacer mi recuperación aprovechando las vacaciones. En Facebook escribía que ya me encontraba en Barranquilla y una de mis primas, Andrea Villarreal, inmediatamente se contactó conmigo para vernos, porque llevábamos mucho tiempo sin hacerlo. Empezamos a cuadrar para poder salir y así compartir. Ella me hizo una invitación.

—Primo, te quiero ver. ¿Qué harás el jueves por la noche?

—Prima, hasta el momento nada, ¿te parece vernos?

—Sí, primito lindo, te voy a hacer una invitación para que vayas a Living Room que queda en esta dirección (...) ¡Allá nos vemos! ¡Te espero!

¿A qué se estaba refiriendo mi prima con esto de Living Room? Ni idea, pero por ser ella decidí ir para saludarla y compartir juntos. Llegué a la dirección que me dio. Subí tres pisos. Había gente afuera, hablando y conversando; algunas caras conocidas empecé a ver. Entré en confianza: mi prima me presentaba con varias personas; ella estaba súper emocionada diciendo: «¡Este es mi primo que es jugador de fútbol y juega en Argentina!». La gente me empezaba a hacer preguntas:«¿Sí? Qué chévere», «¿dónde juegas?», «¿en cuál equipo?». Qué mejor recibimiento el que estaba teniendo gracias a mi prima; ella, al parecer, conocía a todos los que estaban presentes. Entramos al lugar. Había música, varias sillas rojas con negro, unos puffs y cuatro sofás rojos que formaban dos "L". ¿Qué es esta locura?¿A dónde carajo me trajo mi prima? A veces aceptamos invitaciones de alguien y luego uno se pregunta: ¿para qué acepté? Eso se me estaba pasando por la cabeza, a pesar de que no había empezado, ni sabía en dónde estaba metido, con todo y que tuve una bienvenida fenomenal.

Me encontraba sentado al lado de mi prima y una de sus mejores amigas. Empecé a darme cuenta de que hacia donde iban dirigidos todos los asientos había muchos instrumentos y, al parecer, había personas preparándose con ellos. ¿Esto qué es? ¿Un show? ¿Gratuito? O ¿será que mi prima pagó la entrada por mí? Era un espacio donde cabían 200 personas; al parecer era un miniconcierto. Ahora bien, ¿qué música empezarían a tocar? ¿Será que sí son buenos? No paraba de hacerme este montón de preguntas en mi cabeza. Las luces se apagaron de un momento a otro. Ya no se veía nada, sólo dos televisores encendidos y su luz daba un poco de visibilidad. Empezaron a cantar, una fabulosa voz se oía. Era una mujer cantando. Parecía una voz de esos videos famosos de YouTube; canciones de adoración a Dios, reconocí enseguida. ¡Mi prima me trajo a un concierto para adorar a Dios! ¡De una me conecté! Los televisores mostraban en blanco la letra de la canción, acompañada de un fondo negro. Luego, cuando se acabó la primera canción, inmediatamente empezaron a hacer entrada al segundo tema, pero esta vez no escuchaba esta voz de esta asombrosa artista. Era una voz fuerte, afinada: ¡qué bien cantan esta mujer y este hombre! Fueron en total tres canciones. Ese grupo que estaba ahí era la banda de Living Room. Aplausos no paraban de sonar. La gente lloraba, incluyéndome. Adorar a Dios, mediante esas hermosas canciones, y esa gran banda, hacía que estuviera conectado y lleno de esperanza. A pesar del momento que estaba viviendo por la lesión, y no saber si me iba a recuperar o cuánto tiempo iba a durar ello exactamente, esas canciones y toda esa gente cantando me hacían sentir tantas cosas buenas. Sentía que mi corazón se abría. Mientras cantábamos todos, veía la presencia de Dios.

De repente, una persona sale con un micrófono a decir: «¡Qué buena banda! Démosle un nuevo aplauso, que sea fuerte». Y añadió: «Si has venido por primera vez, y te preguntas "¿qué es esto? ¿Dónde estoy?", para tu tranquilidad queremos informarte que hemos diseñado este lugar, Living Room —Sala—, para que te sientas como en casa, como en la sala de tu casa, y seas tal cual tú eres. Queremos una relación con Dios sincera, sin estereotipos religiosos. Dios es tu padre y quiere que compartas con Él de una manera sencilla». Me pareció interesante; yo quería justo eso: mejorar mi relación con Dios. Sentía que esa lesión que estaba sufriendo era por ciertas cosas malas que había hecho y que Dios me estaba poniendo pruebas para que aprendiera. ¿Alguna vez has pensado esto? ¿Has pensado que por hacer cosas malas te mereces todo eso que pasas? Bueno, querido amigo y querida amiga, yo pensaba así, pero te iré mostrando que esto es una equivocación. La persona con el micrófono —era bastante joven— agregó: «Antes de recibir al conferencista de esta noche, vamos a realizar nuestro FellowShipTime: Acá es el momento donde te puedes levantar de tu asiento y saludar a varias personas. Si tienes algún conocido, salúdalo, o dile al que está a tu lado "mucho gusto". Tómate una foto y súbela a las redes sociales. Cuéntale a tus amigos que estás en tu casa; estás en Living Room».

¡Qué fabulosa locura! La gente empezó a saludarse, a abrazarse, a conocerse, a tomarse fotos; tanto así que me tomé foto con una persona que ni siquiera conocía. Minutos antes estábamos adorando a Dios con todas nuestras fuerzas; luego, de un minuto a otro, se detuvo la música y todos tomamos asientos de nuevo. «Ahora sí, démosle un fuerte aplauso a nuestro Big Boss, quien viene cargado con un gran mensaje de parte de Dios: Bienvenido Carlos Fraija».

Carlos Fraija recibe el micrófono y empieza su enseñanza. Vestía de jean, unas botas y una camisa estilo cuello en "v"; se notaba que era bastante joven. Empezó con un mensaje totalmente diferente al que se escuchaba alguna vez en misa. Acá nos contaba, a través de casos actuales y conocidos, la palabra de Dios. Nos reíamos, pero, al tiempo, aprendíamos sobre un mensaje cargado de sentido, sin tanto misticismo, sin tanto protocolo. Me fascinó poder escuchar por primera vez un mensaje tan bueno que no me dio ni una pisca de sueño. Luego, casi para finalizar el mensaje de la noche, la banda cantaba una canción y volvíamos a adorar, quizás con más amor que al inicio. Nunca había sentido algo así. Me sentía como si estuviera jugando fútbol; estaba muy feliz, me había encantado esta casa: "mi casa", como decían ellos.

Mi prima Andrea vio de inmediato mi felicidad.

—¿Te gustó, cierto?

—Claro, prima, me encantó; tenemos que volver

—le respondí.

—Por supuesto, primo: todos los jueves vendremos por la noche.

Quería que pasara la semana rápido para volver a este gran lugar. Sabía que me encontraba de vacaciones, entonces iba a aprovechar para no perderme los jueves, hasta que me fuera a Argentina. Los jueves eran similares en el formato, aunque cambiaban las canciones y los conferencistas: todos eran bastante jóvenes, con unos grandes mensajes. Una verdadera comunidad era este lugar. Luego de que terminaba todo, se ayudaba a organizar el lugar, y la gente empezaba a juntarse para ir a comer juntos. Mientras comíamos, la gente ya empezaba a hablar más de sus vidas, de las cosas del día a día, diferentes conversaciones entre todos; éramos grupos de 20 o 30 personas que salíamos. Varios de la banda y varios conferencistas también estaban con nosotros; en realidad eran los líderes que organizaban Living Room, también había gente de la comunidad.

Ahí empezaba a hablar un poco sobre mí, sobre la lesión, que estaba bastante triste por eso, pero que me iba a mejorar, que andaba en Colombia para hacer la recuperación. Una mujer del grupo me preguntó que si yo era el sobrino del doctor Nayib Narváez, el ortopedista. «Sí, sí, él es mi tío. ¿Cómo lo conoces?». Me empezó a contar que ella era la prima de un primo mío, y, en resumen, éramos familia, que ella me conocía; ella sabía que yo estaba en Argentina jugando, y me preguntaba cómo estaba mi hermano y cómo estaban mis abuelos. Nos empezamos a llamar "primo" y "prima". Living Room no llevaba más de dos años, y yo era el primer futbolista que iba a esa comunidad. Siempre las personas me preguntaban cosas del fútbol, porque llamaba la atención; incluso, varios con los que empecé a compartir junto a mis primas me decían que todo iba a estar bien, que me iba a recuperar, y que volvería mejor que antes, que Dios estaba conmigo. Todas esas palabras me llenaban de ánimos; me daban esperanzas; me sentía, ya no criticado, sino apoyado; me sentía como en la pensión de Argentina, con amigos sinceros. En la comunidad nadie jugaba fútbol, sino por diversión: nadie competía como yo a nivel profesional, pero me deseaban lo mejor.

¡En Living Room empezaba a encontrar algo que yo personalmente había perdido. Yo sabía que Dios me iba a ayudar, pero quería que él hiciera las cosas por mí; deseaba que él me recuperara para poder volver a jugar. Queremos que Dios actúe por nosotros, pero no queremos que Dios actúe a través de nosotros y por nosotros. Todas estas personas me estaban dando ese aliento, me estaban diciendo: «Crack, ¿cómo estás? ¿Cuándo te veremos jugar fútbol?», esto hacía que me dieran ganas de entrenar, de meterle ganas a esa recuperación para volver; me recordaban las promesas de Dios. Sin lugar a dudas, me sentía, cada vez más, en mi casa; me sentía en familia, sentía ese amor en el que aparecía en Salmos 133:1: «¡Cuán bueno y cuán agradable es que los hermanos convivan en armonía!»(NBD). Todos los jueves me sentía en armonía y los problemas se me olvidaban, mi fe aumentaba y mis fuerzas también.

Tómate un momento para pensar esto: ¿Has sentido que quieres salir adelante, pero te sientes cansado? ¿O qué estás intentando salir del problema, o de los problemas que te encuentras y la gente comienza a no darte el apoyo que tu esperabas? ¿Qué piensas qué hubiera pasado si yo hubiese llegado a un lugar donde me hubieran criticado por la lesión que tenía, o si en ese mensaje hubiese escuchado que "Dios me mandó la pubalgia por los pecados que yo había cometido"? Mil veces no; esto es un engaño y quiero que lo tengas claro. En esta hermosa comunidad nos enseñaban a Dios como un padre amoroso. No se trataba de qué tan bien actuáramos o no; se trataba de la gracia de Dios. Todos nuestros pecados, los que hicimos antes, o los que hoy podíamos hacer o en el futuro, Dios los había perdonado y más nunca se iba a acordar de ellos, gracias al sacrificio de Jesús, y estando en unión con Cristo todo fue perdonado. En Colosenses 2:13 dice: «Antes de recibir esa circuncisión, ustedes estaban muertos en sus pecados. Sin embargo, Dios nos dio vida en unión con Cristo, al perdonarnos todos los pecados» (NBD, énfasis añadido). Las cosas malas que había hecho, algunos errores que cometí de adolescente o estando en Argentina o en Colombia, Dios los había perdonado y los tuyos también, querido amigo y amiga.

En Living Room, las charlas nos hablaban de la enorme gracia de Dios; que sus planes son muchos más grandes de lo que podemos llegar a imaginarnos; que nuestra lógica nunca iba a comprender la perfecta planeación de Dios; que Cristo pagó por todos nosotros e íbamos a recibir las bendiciones que Él ganó para liberarnos del pecado. Hebreos 8:12: «Perdonaré sus maldades, y nunca más me acordaré de sus pecados» (NTV). Acá está otro ejemplo con que Living Room nos recibía: ¡Ven tal cual eres! Dios sabe que nos equivocaremos; sabe que, por nuestras propias decisiones, tomamos caminos erróneos, escuchamos consejos indebidos, vivimos en tentación. Jesús cargó en su cuerpo todo lo que hicimos, hacemos o haremos.

Esta comunidad iba creciendo. Cada vez iba más gente; se veía la gracia de Dios; se veía el amor a pesar de que muchos tenían diferentes vidas y problemas: yo, en mi caso, con el tema del fútbol; otros en sus marimonios, en sus familias, en su salud, muchas cosas, pero todos estábamos unidos porque Dios nos ama.

Carlos, el Big Boss, Fraija es quien comenzó en esta comunidad lo que Dios puso en su corazón, junto a su querida esposa,

Natalia Martínez, siempre eran muy felices, pendientes de todo, y se les veía el amor por su comunidad. Ellos no eran perfectos. Nos contaban a diario, en privado, a los que eran más cercanos a la comunidad que también tenían dificultades, que tenían problemas, pero que Dios es el centro de su vida y que Él es más grande que cualquier obstáculo. Compartían en sus enseñanzas cosas reales que un ser humano vive a diario, pero que Dios es más (+) que todo. ¡Qué bueno es poder escuchar que los mismos que nos predicaban eran igual que nosotros! Muchas veces fallamos cuando creemos que podemos solos, y esto es un gran error: la autosuficiencia. Con Carlos mantenía una buena relación; algo interesante era que él también había estudiado Derecho como mi padre, pero Fraija era mucho más joven: quizás 20 años de diferencia. Pero yo veía a Carlos como un padre, un hermano y un amigo. Carlos me daba buenos consejos, me hablaba siempre del amor de Dios, de las promesas que nos hizo, eso me daba mucha alegría, porque mi padre no había tenido esas costumbres, sin embargo, pienso que él hizo su mejor esfuerzo, lo amo y siempre lo amaré a pesar de suyas fallas.

Amigo, amiga, ¿no te parece lo mejor: saber que no se trata de ti sino de Dios? Se trata de que su amor es tan grande por nosotros que Él tiene cosas buenas y mayores para ti; no esperes a estar limpio de pecados para acercarte a Dios: simplemente déjalo entrar a tu vida; Dios entregó a Jesús, su Hijo, para salvar el mundo y que estuviéramos vivos en Él.

Living Room se convirtió en mi familia. Todos los líderes de esta comunidad son unos grandes hermanos, de los cuales aprendí mucho y aprenderé por siempre. Una comunidad que no hablaba de ley, sino de una relación con Dios. Me gusta esto que nos enseñaron: «Porque los mandamientos que dicen: "No cometas adulterio", "No mates", "No robes", "No codicies", y todos los demás mandamientos, se resumen en este precepto: "Ama a tu prójimo como a ti mismo". El amor no perjudica al prójimo. Así que el amor es el cumplimiento de la ley» (Romanos 13:9-10, NVI, énfasis agregado). En definitiva, el amor de Dios es todo; Él es amor, Él es todo.

FE Y ESPERANZA EN ÉL

Capítulo 10

*«Ahora bien, la fe es la garantía
de lo que se espera, la certezade
lo que no se ve».*

(Hebreos 11:1)

Lo más seguro es que hayas escuchado o te sientas identificado con las palabras «fe» o «esperanza». ¿Alguna vez las has mencionado? Entablando conversaciones con otros, quizás hayas dicho: «¡Tranquilo, amigo, amiga, ten fe! ¡Hay que tener esperanza en la vida! ¡Nunca pierdas la fe! ¡La esperanza es la última que se pierde!». Me podría quedar acá escribiendo todo lo que he escuchado y también lo que he dicho a otros, e, incluso, para mí mismo.

¿Pero sabes en realidad cuál es la diferencia entre fe y esperanza? ¿Te habías preguntado esto? ¿Piensas que es lo mismo? Déjame explicarte: La diferencia consiste en que la fe es ahora; y la esperanza es algo para el futuro. La Biblia nos muestra claro esto en Romanos 8:24-25: «Porque con esa esperanza fuimos salvados. Pero la esperanza que se ve, ya no es esperanza, porque ¿quién espera lo que ya está viendo? Pero si lo que esperamos es algo que todavía no vemos, tenemos que esperarlo con paciencia» (RVC). Teniendo en cuenta todo esto que acabamos de leer, en definitiva, la esperanza mantiene tu fe viva.

Desde muy niño jugaba al fútbol. Mi madre me contaba que era muy bueno pegándole a la pelota; que dormía con ella; que me la pasaba jugando solo en el cuarto, disparando a las paredes, haciendo pinolas o trucos con el balón. Debían esconderme el balón porque tenía todas las paredes manchadas con la forma de la pelota de fútbol, o porque siempre estaba rompiendo jarrones, y, bueno, eso es intocable para las mujeres o, al menos, para mi mamá lo era. No se me olvidan los gritos: «¡Nayib Said! ¡Vas a partir los jarrones de vidrio!». Supongo que lo decía por el vidrio para que no me cortara, aunque sé que amaba sus porcelanas. Hoy, mirando para atrás, te pido perdón, mami: dañé muchas, lo sé, lo siento. Tenía la esperanza de que algún día sería un futbolista como los que pegaba en los álbumes del Mundial. Practicaba todos los días con fe para que algún día pudiera llegar a serlo. Pasaron los años, iba creciendo. Algunas veces perdido, a pesar de que practicaba y jugaba. A veces sentía que las cosas no se estaban materializando; incluso, los problemas familiares, los problemas de inseguridad personal, todas esas cosas hacían que el fútbol se me olvidara y ya pensaba en mi vida; me preocupaba porque no estaba teniendo la vida que había soñado, que era jugar al fútbol y ser feliz en realidad. Especialmente en el colegio ya había perdido la fe de ser jugador de fútbol, la esperanza de un día jugar en otro país creo que ya se me había olvidado con la muerte de mi abuelo Nayo.

No obstante, de un momento a otro Dios me volvió a dar esa oportunidad para ver si decidía embarcarme en el fútbol: jugando en un partido, un cazatalento o manager deportivo me propuso que me fuera a Argentina a probar a varios equipos; él tenía contactos para realizar las pruebas y ver si podía quedar y ser fichado. Fue un momento clave: algo me decía en el corazón que todo lo que había entrenado de niño marcaba una gran oportunidad en mi vida, que estaba un poco desenfocada. Nuevamente me llené de fe: sabía que iba quedar en un equipo de los varios que me iban a probar; aun así, no teniendo la menor de idea de cómo iba a ser todo por allá, pero con gran esperanza.

Mientras llegaba el momento del viaje, muchos de mi familia empezaron a reírse; varios decían que era más seguro estudiar una carrera universitaria, por ejemplo. También "amigos" o, más bien, conocidos, me decían que eso no iba a ser tan fácil. ¿Quién ha dicho que las cosas buenas son fáciles? Eso es lo que la mayoría quiere: que las cosas salgan sin ningún tipo de esfuerzo, de trabajo; cada día el mundo, mediante la tecnología, hace que todo sea más sencillo porque estamos queriendo todo de un día para otro o de un momento para otro. En la vida se requiere mucha disciplina, mucha práctica para convertirse en un maestro en lo que realices. Llegué a Argentina y todos los que no me daban palabras de ánimo, ahora sí me decían que siempre supieron que me iba a ir bien. «Yo creía en ti», decían, pero en realidad así no era. Dios creyó en mí.

Lo que quiero mostrarte, amigo, amiga, es que si has estado perdido, o si te encuentras perdido, pon tu fe y esperanza en Él Dios, quien te sacará de donde estés para que aquello que ha puesto en tu corazón se cumpla: deseos de bien.

VERDADERA FE

Capítulo 11

Ahora nos embarcamos en esto de la fe. Antes de haber pasado por las cirugías, en Living Room, la comunidad donde asisto, viví una experiencia importante que te contaré. Venía luchando contra la primera lesión que fue un evento grave en mi vida del fútbol, y en Living Room iba a estar un invitado especial: Greg Miller, un tipo con un gran don de Dios, y carisma con la gente. Todos estaban muy emocionados de conocerlo; nunca había venido a Colombia; pese a que su español era no tan bueno, él iba a enseñar y traería a un compañero, quien era su traductor. Dos días anteriores había contraído un malestar muy feo: estaba intoxicado con algo que había comido (no vayan a pensar ahora que me estaba muriendo pero sí estaba mal del estómago); pensé por un momento, por la condición en la que me encontraba, que no iba a poder ir a Living Room. Por estar con este malestar, se me había pasado por completo que venía Greg Miller, y yo quería ver qué tal iba a ser porque era la primera vez que venía alguien de Estados Unidos a nuestra comunidad. Ese día fui y el lugar estaba a reventar; me imagino que todos querían ser profetizados por él, quizás para saber qué hacer con su vida. Luego de la música, Greg empezó la charla. Al final de la misma, él iba a elegir a varias personas del público para decirles algo que Dios había puesto en su corazón, unas palabras de parte deDios. Greg, de repente, dice: «Hey, you! Number 3!».

«¿Yo?», pregunté: tenía un número "3" en la camisa.

«Yes, you!», respondió Greg mientras estaba siendo traducido por su intérprete al tiempo me hablaba en inglés y luego en un español chistoso.

Estas fueron las palabras:

«Hermano, en tus manos están estos negocios. Tú tendrás tu propio negocio, tú tendrás varias cosas en tus manos. Alguna de ellas en Barranquilla, pero otras en otros departamentos. Tú tienes este sueño en tu corazón. Tú incluso puedes ver esos negocios, porque han estado por tanto tiempo dentro de ti, pero Dios quiere usarte. Él quiere que se haga realidad eso. Y caminar a la par de Dios. Él abrirá las puertas por ti; tú no puedes abrirlas... y siento que Dios te dice que esos sueños son de Él. No dudes, no cuestiones, pero camina y sigue ese sueño; en ese caminar conocerás y aprenderás mucho de Dios. Eres muy curioso sobre Dios, quieres estudiar más, eras una persona muy curiosa por naturaleza, te veo investigando, te veo haciendo eso con la Biblia, pero incluso la Biblia no la podremos entender sin la ayuda de Dios. Te veo en una temporada donde estás conociendo a Dios de una gran manera y entendiendo su Palabra. Padre, te doy gracias por la vida de este joven y bendecimos su vida en el nombre de Jesús».

Ahora dirás: «¡Wow! Yo quiero que Greg me diga eso también», ¿cierto? Sin embargo, te motivo a que no pienses así: no esperes a que te digan estas cosas para empezar a hacer lo que ¡Dios te ha prometido desde antes que nacieras! Estas cosas que me estaba diciendo Greg, ya Dios me las había mostrado en sueños, las había pensado, las había dibujado: en mi corazón estaban. Greg, con su gran don de Dios, sólo estaba reafirmándome las cosas. Yo en ese momento no tenía empresas, no tenía un negocio en sí: jugaba al fútbol y estaba queriendo hacerlo acá en mi ciudad; estaba esperando que se dieran las cosas con la Uniautónoma, pero se estaban demorando para mí, y, en realidad, no estaba completamente sanado de la lesión; ahora entiendo completamente. Acá se estaba haciendo realidad esto: El caminar a la par de Dios, Él abrirá las puertas por ti, tú no puedes abrirlas, y siento que Dios te dice que esos sueños son de Él. Por el lado de mi papá —con todo que no le encantaba el fútbol— quería que me instalara en Barranquilla porque llevaba mucho tiempo por fuera; él me estaba ayudando con todo el tema de conversaciones con los equipos. Después de estas palabras no paré de intentar las cosas o buscar mis sueños, pero sí dejé de preocuparme y empecé a tener una fe verdadera. A una semana, ya me encontraba entrenando con la Uniautónoma. Luego, unos meses después, ya me estaban rompiendo la rodilla en el Estadio Metropolitano, donde el ligamento cruzado anterior se había roto completamente en la rodilla izquierda. En esos meses, estando en la Uniautónoma, yo había creado unos grupos de Whatsapp en los cuales organizaba partidos de fútbol para amigos y yo me encargaba de llamar a las canchas de fútbol y así revendíamos las horas, en diferentes grupos que administrábamos con uno de mis socios. Él y yo empezamos a realizar esta actividad que nos generaba cierto dinero; lo llamamos desde un inicio FútbolCracks. Acá manejamos una comunidad de 700 personas en diferentes grupos.

El día en que se me rompe la rodilla, en la noche recibo una llamada de Nicolás Costa, un empresario de la ciudad, quien era un gran amigo y también un gran mentor, al cual siempre le aprendí liderazgo y que admiraba mucho desde niño. Niqui, como le digo de cariño, me estaba llamando desesperado:

> — ¡Ajá, ¿y tú dónde estás metido?! —me dijo—. Te llamaba a tu celular anterior: me contestó tu mamá y me pasó este número pero nadie contestaba. ¡Contesta esta vaina, nojoda!

> —Viejo Niqui, ando triste: me acabaron de lesionar en el estadio —afirmé.

> — ¡Bueno, para bolas! —siguió como si no me hubiera escuchado—: es urgente lo que te voy a decir: Hay un concurso del Ministerio Tic (Tecnología, información y de las comunicaciones), que está patrocinando emprendimientos, se llama Consolidación y Crecimiento, y la iniciativa del Ministerio Tic es Apps.Co. En la empresa donde he trabajado durante años, Koombea, ganamos el concurso para ser los brindadores o aceleradores de los proyectos de emprendimiento

seleccionado. ¡Si fuera por mí, yo te pasaría con tu empresa! Pero no puedo, pero estoy convencido de que tú puedes lograrlo. Tú eres bueno hablando y sé que ganarás eso.

¿De qué está hablando el loco de Nicolás? ¿De qué empresa está hablando él? Yo sólo tenía unos grupos de Whatsapp. Él se dio cuenta del potencial que tenía en mis manos como negocio; su especialización era esto: encontrar mercados, saber de oportunidades. Para mí, eran sólo unos grupitos de Whatsapp, los cuales generaban ingresos pero no era más de ahí, la verdad. Sin saber mucho de qué hablaba, le respondí:

—Listo, dale. ¿Qué tengo que hacer?

—Tienes que venir a mi oficina mañana mismo para llenar unos formularios, y yo te voy a ayudar con un asesor para que él te haga preguntas y respondas, porque se utilizan unas metodologías de negocios, que estoy seguro de que no sabes, pero que aprenderás rápido.

Allí decidí actuar porque, tal como dice el versículo, la fe sin obra es muerta.

Luego, ya estaba en el concurso; me habían elegido, había llenado todos estos formularios de Canvas, de propuesta de valor, de misión, de visión, etcétera; había construido una empresa. En el proceso del concurso, legalizamos la empresa FútbolCracks. Éramos varios socios, teníamos clientes, organizábamos torneos, ya teníamos aplicaciones digitales; ¡qué locura todo esto! Todos éramos muchachos de menos de 24 años; nadie tenía una carrera universitaria en sí, pero el fútbol nos dio esa felicidad o esa esperanza: era un juego y, al tiempo, un negocio para nosotros. Actuábamos con la certeza de nuestra pasión. Las cosas se iban dando: no teníamos las respuestas ciertas veces, pero poníamos nuestra confianza en Dios.

Ganamos ese concurso regional y el nacional. El ministro David Luna estaba feliz por nuestra iniciativa por el fútbol, y también por los jóvenes que éramos. Todo este proceso lo hice mientras estaba en muletas; fue una aventura y una historia de superación para la gente del Ministerio. Mis obras demostraban que, a pesar de estar operado, de no tener una carrera universitaria, ni tampoco demasiado conocimiento en la tecnología, confiaba y tenía la seguridad de que iba a aprender en el proceso.

Estas palabras: «Hermano, en tus manos están estos negocios. Tú tendrás tu propio negocio, tú tendrás varias cosas en tus manos. Alguna de ellas en Barranquilla, pero otras en otros departamentos. Tú tienes este sueño en tu corazón. Tú aun puedes ver esos negocios, porque han estado por tanto tiempo dentro de ti, pero Dios quiere usarte. Él quiere que se haga realidad eso [...]». Y más adelante: «No dudes, no cuestiones, pero camina y sigue ese sueño; en ese caminar conocerás y aprenderás mucho de Dios. Eres muy curioso sobre Dios, quieres estudiar más; eres una persona muy curiosa por naturaleza, te veo investigando, te veo haciendo eso con la Biblia, pero incluso la Biblia no la podremos entender sin la ayuda de Dios. Te veo en una temporada donde estás conociendo a Dios de una gran manera y entendiendo su Palabra [...]» (Santiago 2:17, RVR 1960).

Esto no quedó sólo en FútbolCracks. Esto venía acompañado de mi primera operación, y no habían ocurrido que me cancelaban las cirugías, cuando llegaba la segunda operación del otro ligamento cruzado de la rodilla derecha. ¿Te das cuenta? No fue fácil, no fue de un momento a otro. Pero, definitivamente, en todo este camino iba conociendo más a Dios, y, cada vez, entendiendo su palabra. Él me daba las fuerzas cuando me sentía cansado, cuando no sabía qué hacer; sin embargo, ahí estaba puesta esa fe verdadera que cada día iba mejorando. No te voy a decir que no he dudado; como podrás notar, lloraba, peleaba con Dios, mi fe aumentaba, a veces me perdía; por momentos seguía adelante. En los capítulos anteriores tuve enfrentamientos, pensamientos recurrentes ¿Te ha pasado todo esto o te está pasando? De seguro alguna vez lo has vivido, pero puedo afirmar que, conforme actúes con fe y vayas avanzando, entenderás cosas, y tu perspectiva será cada vez mejor, verás oportunidades, verás planes, conectarás propósitos, sabrás qué hacer, de pronto no mirando para adelante pero sí hacia atrás, sabiendo que Dios te dará todo lo que necesitas.

El secreto del éxito no es sólo expresar lo que creemos, es creer y dar muestras de la fe.

¡HEY ESE MAN ESTÁ LOCO!

Capítulo 12

En las diferentes charlas que he podido dictar, en diferentes ciudades, lugares, eventos, siempre digo que tomar acciones diferentes a las que todo el mundo toma, es lo que ha despertado grandes oportunidades. Iniciando el sueño del fútbol, muchos me decían «¡estás loco, Nayib!», o, era habitual el ¡hey, ese man está loco! ¿Te sientes identificado conmigo? Cuando empezaste esa carrera que de pronto tus padres no apoyaban, quizás porque decían que no ibas a ganar dinero o que no había futuro en esa profesión. Por ejemplo, en mi caso, mi familia, profesionalmente hablando, gira entre abogados o médicos. Yo no me inclinaba ni por una, ni por la otra. Eso era lo que ellos querían para mí porque pensaban que era lo mejor. Puede que también no sea en relación con los estudios, sino en tu vida social. Tal vez has decidido enfocarte en tus estudios o en tu trabajo, pero tus amigos te dicen: «Vamos a salir, disfruta, vámonos de fiesta, vamos a tomar. Salgamos», mientras tú dices que estás dedicado a tus estudios, o que estás ocupado, que no deseas eso. Es probable que te digan: ¡hey, estás loco!

Quiero decirte que cuando empecé a buscar mis sueños, e incluso a conseguirlos, me tildaban de loco. Cuando inicié mi primera empresa también me llamaban loco, aunque, en realidad, yo también a veces pensaba en qué locura era todo en lo que estaba, sobre todo porque no era para nada común que un futbolista estuviera en un mundo de tecnología, ganando los concursos de emprendimiento cuando no tenía una carrera universitaria o cuando en el colegio me iba mal en los últimos años porque solo jugaba fútbol con mis compañeros. Quiero que te sientas orgulloso, como yo me siento hoy gracias a Dios. Yo, que soy llamado loco, pude realizar cosas diferentes a los demás: escribir un libro, crear varias empresas, dictar una cifra asombrosa de charlas contando mi historia de vida, mis problemas, los problemas más íntimos de mi familia, de mi vida, los pensamientos que a cada momento se me pasan por la cabeza. He podido utilizar las dificultades de mi familia, mis dudas, mis debilidades y todo lo demás para poder sacar grandes reflexiones y enseñar las cosas que aprendí. He convertido mis lágrimas en risas; estoy agradecido con Dios por permitirme hoy entender todas las cosas que de pronto no entendía. ¡Gloria a Él por todo esto!

Pese a que tengas dudas, confía en Dios y en los deseos que Él ha puesto en tu corazón. Mira lo que dice nuevamente en Juan 11:40 (RVR 1960). Gracias a creer en sus promesas, en esos sentimientos de grandeza que ha puesto Él en mí, incluso antes que yo los conociera, me ha llevado a ver su gloria de una forma que nunca me la imaginé. «Nayib, ¿pero mira todos los problemas que has tenido?» ¿Quién ha dicho que no los tendrías también? Sin embargo, te aseguro que tendrás éxito, un éxito verdadero, confiando en Dios siempre. Mira las grandes figuras del fútbol, los grandes empresarios, los grandes artistas musicales, los grandes predicadores; cualquier persona ha pasado por momentos duros; han tenido que persistir y persistir; Jesús nos dice que si crees, veremos la gloria. Es así. Cree en esos sueños que Dios ha puesto en tu corazón y se cumplirán. No obstante, para que ellos se cumplan, tendrás que aguantarte muchas veces que te digan o te etiqueten de loco, de payaso, de idiota, que no eres normal, que no vas a llegar a ningún lado. Si por lo que mi familia dijo alguna vez de mí, si por lo que de varias personas escuché decir acerca mí, hoy no sé qué fuera; incluso si me hubiera puesto a escuchar esos pensamientos negativos que venían a mi vida, no sé cuál sería mi destino. Escucha la voz de Dios, escucha sólo las cosas buenas, esos pensamientos de grandeza que tienes, esos deseos de salir adelante, esos pensamientos de construir una familia hermosa. Dios es bueno. Él quiere lo mejor para ti pero tienes que creer y actuar conforme a eso. Tienes que poner tu confianza en Él.

Yo soy un loco por Dios que ha visto la gloria y seguiré viéndola, porque nunca dejaré de creer en Él.

EL JUEGO AÚN NO TERMINA

Capítulo 13

En el fútbol que he visto, que he jugado y que he vivido, nunca he escuchado que un técnico nos dijera: «Muchachos, ¿están listos para entrar al campo y perder el partido?», y que respondiéramos «¡Sí, profe! ¡Sí, capitán, estamos listos!». O que el técnico nos dijera: «¡A perder, jóvenes; ya saben que tienen que perder!». Nunca ha habido una charla técnica en que nos digan:«¡Este equipo es muy malo! ¡Hay que salir a que nos metan muchos goles! ¡Vamos a perder!». Estoy bastante convencido de que un técnico no permanecería mucho tiempo en su cargo si los dirigentes del equipo escucharan esto. Incluso los mismos jugadores podrían sacarlo del equipo. Y ni hablar de la barra brava del equipo, no me lo quiero imaginar.

Antes de un partido, en el camerino, minutos previos a salir al campo, es cuando más se ora: todos piden para que Dios nos proteja de las lesiones, de que salgan las cosas como se entrenaron en la semana, para que sea un partido fabuloso, para que se haga la voluntad de Dios; es el momento en el técnico les dice a los jugadores: «¡Hay que ganar muchachos!» En Argentina se dice: «¡A dejar todo por la camiseta, boludos! ¡Hay que poner huevos! ¡Todos somos unos cracks! ¡Nadie es pecho frío!». Hay técnicos que expresan los sentimientos de diferentes maneras, pero, de igual forma, nunca he escuchado al inicio de un partido cosas negativas, o que alguien insulte a los compañeros para bajarle los ánimos.

En el fútbol se ve mucho la disciplina, la constancia, la tristeza, y la motivación es impresionante. Tanto así que en los entrenamientos, a veces, uno como jugador está cansado porque éstos son intensos; hay días en los cuales uno se levanta todo adolorido, sin embargo, antes de iniciar el entreno, siempre se da una oración, o se da una charla previa y se dicen palabras de meterle ánimo a cualquier situación; ya entrenando, uno suele olvidar todo el dolor; posteriormente, se hace una recuperación física a través de masajes para que el condicionamiento mejore.

La mentalidad de un futbolista, cada vez que entra a un campo a jugar, es ¡Vamos a ganar! Es cierto: somos muy positivos. Yo no creo que un deportista entre a la competencia afirmando que va a perder. Es normal, por supuesto, tener dudas, pero son más los pensamientos de dejar todo en el campo, si el rival es bueno, y ahí hay que dejarlo todo. Los nervios nos hacen preguntar si no saldrán bien las cosas, o si nos meterán un gol, o qué dirá la gente. Igualmente, uno muestra respeto por el rival cuando éste está en un buen momento, pero esto no impide salir a dejarlo todo en el campo, con la convicción de que se puede ganar. En los deportes se adquiere una gran disciplina para la vida.

Inicia el partido con el pitazo del referee, los dos equipos salen con todo. Minutos intensos, siempre. Los partidos siempre son diferentes. ¿Qué pasaría si, iniciando el partido, te marcan un gol? Apenas iniciando el partido, sucede: el rival llega y hace un gol. Todo lo que se había entrenado, todo ese optimismo queda en un momento de pausa y se pasa a un momento crítico, donde la mentalidad juega un papel fundamental.

—No puede ser. ¿Será que vamos a perder?

—¡Qué mala suerte! ¿Estaremos teniendo un mal día?

No digo que sea malo que estos pensamientos pasen; a todos nos sucede; no obstante, siempre está el capitán, o alguno de los muchachos, que te hacen retomar el ánimo.

—¡Vamos, muchachos, carajo! ¡Vamos a remontar el marcador! ¡Denle, muchachos, que fue un error! ¡Dale, carajo! ¡Vamos a dejar todo!

En este momento, la mentalidad de un jugador y la del equipo son fundamentales. Tus nervios pueden aumentar, tu juego puede empeorar si no tienes una actitud correcta allí. Es ahí cuando hay que correr más, persistir más, reivindicarse en el campo para remontar el marcador.

Quiero que sepas, amigo, amiga, que tu mentalidad es clave en esto. En la situación en la cual estés viviendo, en el juego en el que estés jugando y en tu vida. Hay jugadores que luego de que las cosas no salen como las esperaban, pueden caer en el partido; esto puede ser por la mentalidad de no querer remontar o por quedar decepcionado porque las cosas no salieron como se practicaron. Puede ser que el equipo rival, realmente, haya hecho una buenísima jugada, que haya ganado ante la estrategia planteada; en realidad existen muchos factores acá, pero una mentalidad positiva puede ayudarte más que tener una mentalidad negativa en esos momentos del juego que estés viviendo. Mira este ejemplo: Todo se está dando en el terreno tal como   lo planearon, y las cosas están fluyendo como se practicaron o como se querían, el marcador puede estar a tu favor, pueden ir ganando, pero ¿qué pasaría si empiezan a tener una mentalidad convencidos de que ya ganaron y se descuida la defensa, la posición del balón, empiezan a hacer malos pases, le entregan la posición al rival, no marcan a los demás jugadores? ¿Qué crees que sucedería? ¡El marcador se te puede venir encima! El equipo rival puede aprovechar el momento para retomar el partido que tenían perdido.

No intento decir que no deben estar convencidos del triunfo, sino que no hay que confiarse y estar despreocupado creyendo que ya todo está resuelto, o creer que se sabe todo, o que se es el mejor, por más que se sea muy positivo; es importante actuar muy positivo que van a ganar, sin embargo, no te eches a un descanso innecesario, creyendo que sabes todas las respuestas. Por más positivo que sea decir «¡Somos los mejores!» o «¡Soy el mejor!», también debes actuar muy positivo, planificando, insistiendo, y no desprestigiando al rival creyendo que ya ganaron; hay que ser un buen rival, mostrándole respeto al otro equipo, dando todo, dominando el partido con el balón, jugando un partido hasta el final... con toda.

La vida es así: hay que jugársela confiados en Dios.

¿Has sentido que el juego lo vas a perder?, ¿o que el juego ya lo tienes perdido? En mi caso, he sentido que el juego nunca lo voy a perder antes de iniciar, pero sí durante él. No sólo una vez, sino muchas veces he sentido esto. Sentí que el juego lo estaba perdiendo cuando me veía en el colegio, que era un mal estudiante; que mis padres estaban separados; que estábamos pasando por una crisis económica; como también sentí que el juego lo había perdido cuando esos pensamientos de suicidio no paraban en mi cabeza; cuando me sentía enfermo, estando sufriendo de la hipocondría, que había provocado la inseguridad en mí después de la separación de mis padres. También sentí que el juego lo iba perdiendo cuando esos sueños de ser futbolista no se estaban cumpliendo como yo esperaba o había soñado. Más adelante volví a tener esa amarga sensación de que el juego lo estaba perdiendo, cuando me encontraba en un buen momento en el fútbol argentino y sufrí la primera lesión. Luego —peor aún— sentí que había perdido el juego cuando me rompieron la rodilla por primera vez; posteriormente, cuando pensé que remontaba el partido, nuevamente vino esa sensación cuando se cancelaron las operaciones y cuando me intervinieron la segunda rodilla. En mi primera empresa también sentí que las cosas a veces salían como las planificaba, pero, al mismo tiempo, había clientes que nos rechazaban y había peleas internas entre socios. Asimismo, sentí que el juego lo iba a perder mientras escribía este libro; cuando había momentos que dudaba de mí, sentía que no estaba listo para escribir uno, porque era muy complicado. Amigo, amiga, no sé por lo que estés pasando, pero sé consciente de que el juego aún no termina. Te dije todo lo negativo que me pasó, pero me tomaré el capítulo siguiente de para contarte todo lo positivo que ocurrió. Es muy importante con qué perspectiva estás mirando el juego.

Me gustó Deuteronomio 31:8: «El Señor mismo marchará al frente de ti y estará contigo; nunca te dejará ni te abandonará. No temas ni te desanimes» (NBD). Léelo una vez más porque quiero que estés convencido de que Dios hará lo que dice allí. No juzgues el partido ni critiques el juego cuando aún no ha terminado. No le pongas el fin al partido cuando Dios lo ha puesto en tiempo de descanso o tiempo de reposición, o en penaltis. O también pudo haberlo puesto en pausa si está viendo Netflix; Dios también puede disfrutar; no solamente tú, amigo, amiga. Disfruta el camino, no temas, no te desanimes; tu técnico es el Señor.

Quiero mostrarte algo que está en Lucas 24:28:

«Para entonces ya estaban cerca de Emaús y del final del viaje. Jesús hizo como que iba a seguir adelante» (NTV). Fíjate bien en lo que dice: Jesús hizo como que iba a seguir adelante; te quiero mostrar que a veces sentirás como si Dios te abandonara, pero no, mil veces no. No critiques el juego del fútbol o de cualquier deporte, o tu vida o la de otros cuando el juego todavía no ha terminado. Tampoco critiques ni juzgues el juego si no has empezado a jugarlo. Miremos la historia de Lionel Messi, quien hoy es un jugador de élite, un futbolista que quedará por siempre en la historia del fútbol; su historia es un ejemplo de un niño que sufrió con los juicios de que el juego había terminado para él. Le decían que por su estatura no iba a poder ser un gran jugador, de que no iba a crecer más, que era muy pequeño. Él debía inyectarse varias veces solo. También fue difícil para los papás, quienes pensaron que ese tratamiento no podrían pagarlo, pues era bastante costoso; igualmente, habrán pensado que el juego de su hijo había terminado por culpa de su economía, que no lo podían ayudar. Hoy todos vemos a Messi, quien es un ejemplo de que sí se puede lograr lo que se quiere; por más de haber sido juzgado y de que tuvo circunstancias difíciles, nunca se desistió. Lo anterior no significa que tenga una vida perfecta —también tendrá sus dudas, sus tristezas—, pero te aseguro que puedes ver todo lo que ha podido realizar en el deporte; es un ejemplo Lionel, para mí lo es.

Miremos otra historia: Ronaldo, "El Fenómeno", Nazario. Este brasileño tuvo muchos éxitos en el ámbito del fútbol, pero también tuvo varios juegos complicados que, supongo, también pensó que no iba a poder ganarlos. Él pensó que el juego lo tenía perdido. A finales de 1999, Ronaldo se lesionó estando con el Inter de Milán —equipo de la primera división del fútbol italiano—. Fue operado del tendón rotuliano de la rodilla derecha. ¡Qué dolor! Pasar por el quirófano tuvo que ser muy fuerte para este deportista de élite, así como la presión que debió cargar y las críticas. Se recuperó cinco meses después; el día que volvió a las canchas fue en abril del año 2000.

A los ocho minutos de haber entrado, sin haber recibido una patada, en un cambio de velocidad, nuevamente Ronaldo se lesionó la rodilla que había sido operada con anterioridad. Los jugadores del equipo contrario, que tanto lo respetaban y tanto lo admiraban, no podían creerlo; todos lloraban de la fuerte imagen de ver a Ronaldo como gritaba del absurdo dolor y de la tristeza. Ese día, muchos aseguran que hubo un silencio en el estadio, un silencio abrumador. ¿Parece como si el juego acá se hubiese perdido, no? Ronaldo tuvo que luchar con una dura y prolongada recuperación. No obstante, luego vinieron grandes logros. Ganó con Brasil la copa del mundo de 2002 en Corea, Japón. Fue nombrado el jugador más valioso y Bota de Oro del Mundial. También empató la marca de Pelé como máximo goleador brasileño en mundiales. Posteriormente, fue comprado por 39 millones de euros por el Real Madrid. Ronaldo ya luchaba contra el sobrepeso. Estando en el equipo AC Milán, sufrió nuevamente la ruptura del tendón rotuliano; esta vez de la otra rodilla. ¡Qué juego complicado pasó Ronaldo!, ¿no les parece? Tres operaciones complicadas, y supo salir adelante este guerrero. Puso fin a su carrera, ya después de varios años, pero cosechó muchos logros. Ronaldo hoy disfruta la vida con su familia —aunque también se divorció—; no todo fue perfecto para él. Ahora tiene varias empresas, se dedica a dar charlas, a apoyar el fútbol, ayuda a niños, se destaca jugando al tenis, hace ejercicio. Disfruta su vida. Es una gran historia de superación.

Me llena de mucha felicidad hablar de historias del fútbol. Yo, como Ronaldo, también sé lo que es pasar por los dolores un quirófano. Tú también, independientemente de que juegues o no el fútbol, se trata de lo que estés viviendo o todo lo que hayas pasado, recuerda que el juego aún no termina.

Hablemos ahora de Radamel Falcao García, "El Tigre Falcao". ¿Lo conoces? Es un orgullo Colombiano. También jugó en Argentina como yo, y tuvimos las mismas lesiones en las rodillas. Déjame contarte brevemente la historia de Radamel. Nacido en Santa Marta, una ciudad de Colombia. Su padre fue también futbolista. El Tigre empezó su carrera profesional muy joven: a los 13 años y medio ya estaba consiguiendo glorias deportivas y viendo que su sueño se hacía realidad desde muy joven; también era el sueño de su padre viendo cómo su hijo se hacía una estrella; seguramente, lo hacía sentir orgulloso. Falcao, más adelante, teniendo ya logros como jugador, vestía la camiseta, en 2005, de River Plate.

En la pretemporada, el juego se le empezó a complicar al Tigre. En un buen momento de su carrera, una lesión le puso la primera jaula al Tigre Falcao. Se rompe el ligamento cruzado anterior de la rodilla derecha. Esto iba a hacer que se perdiera tiempo de las canchas; sin embargo, luego regresó. La gente muy poco conocía acerca de esto, la mayoría pensaba que lo que le ocurrió en 2014 había sido su primera prueba difícil: Radamel ya sabía lo que era pasar un juego complicado: no tenía tanto dinero, su carrera apenas estaba empezando; se encontraba en un gran momento estando en un equipo de talla mundial como River Plate, pero era bastante joven. La mentalidad le iba a jugar de manera crucial. Fue complicado, ¿no te parece? Ahora bien, el juego aún no terminaba casi nueve años después, valorizado en más de 70 millones de euros, apareciendo y siendo nominado entre los tres mejores jugadores del mundo para el Balón de Oro. Falcao pasa para el AS Mónaco (Francia), un equipo que venía con un gran proyecto a nivel futbolístico; también tenía un capital financiero enorme, que estaba haciendo que obtuvieran grandes jugadores como Falcao y otras figuras.

Disputando un partido de copa, contra un equipo de tercera división de Francia, faltando seis meses para el Mundial de Brasil, el juego se complicó y el mundo se paralizaba con la noticia: una fuerte patada que le daban en la pierna izquierda logró que saliera de las canchas llorando entre dolor. Él sabía qué le había sucedido porque entre sus lágrimas y gritos estaba reviviendo lo que ya había experimentado años atrás. Después, las noticias que mostraban los posibles diagnósticos: todo apuntaba a que el ligamento cruzado anterior de la rodilla izquierda se había roto completamente o, en el mejor de los casos, estaba comprometido, junto con un desplazamiento de la pierna. Falcao fue trasladado a la clínica, y se dio la noticia que ni Colombia ni el mundo del fútbol quería escuchar: el Tigre Falcao tenía la ruptura del ligamento cruzado anterior, y lo más probable era que el delantero del AS Mónaco se perdiera el resto de la temporada, y, de paso, la selección no tuviera a su goleador para el Mundial, quien había sido clave en la clasificación previa para este torneo.

Falcao fue operado de la rodilla. Ya tenía experiencia, puesto que le había pasado lo mismo algún tiempo atrás; con el dinero que tenía ahora y los avances tecnológicos, iba a hacer que tuviera una recuperación más rápida. No obstante, la presión era muy fuerte: el mundo se le vino encima a Falcao, tanto así que por la presión comercial, las firmas de sus contratos con patrocinadores, el Mundial que iba a ser clave, y todo este tema deportivo, se le venía abajo. A este gran jugador parecía como si juego se le hubiera acabado. Colombia llevaba años que no iba a Mundial: 17 años que no jugaba en uno. Los jugadores iban a quedar en la historia.

El Tigre no se alcanzó a recuperar. Tristemente se perdió el mundial de Brasil. Colombia hizo una buena participación pero quedamos eliminados en cuartos de final contra el anfitrión

Brasil (siempre recordaremos el famoso #FueGolDeYepes). La carrera de Falcao se veía truncada cuando las lesiones musculares, luego de la recuperación de la rodilla, no paraban. En el Manchester United (Inglaterra) se notaba todavía un Falcao que no estaba completamente restablecido. Posteriormente, en el Chelsea (Inglaterra) anotaba goles, aunque no era el mismo, ya no era convocado a la Selección Colombia: todos pedían que el Tigre volviera, pero no era el mismo. ¿El juego se terminaba para Falcao? Parecía, pero no era así. Hoy vemos a Falcao cómo hace historia en el Mónaco, con esa racha goleadora que no se detiene.

Podría escribir otro libro sobre las historias del fútbol, o en diferentes deportes, o negocios, pero mira que se trata de nunca dejar de jugar el juego, aunque a veces sientas o parezca como si lo hubieras perdido; acuérdate de Lucas 24:28.

El juego aún no termina, amigos.

LO POSITIVO
DE LO NEGATIVO

Capítulo 14

La mayoría de veces, cuando estamos afrontando una situación difícil nos estresamos; algunos nos sentimos sin fuerzas; otros, frustrados porque tratan de dar lo mejor sin contar con que un mal momento se les pueda cruzar para que detengan su propósito. Otros piensan que son de muy mala suerte, que todo les sale mal, que es mejor no hacer nada para evitar que algo negativo le vaya a pasar por sus planes. Personalmente, muchas veces escuché cosas que me decían como: «¡Tú sí eres salado!», «¡qué mala suerte tienes, Nayib!», «¡no, mijo, eso no es lo tuyo!», «¡mejor dedícate a otra cosa!». ¿Te suenan familiares estas expresiones? Salado significa, acá en Colombia, que todo te sale mal, o es la persona que tiene mala suerte, o que todo lo que hace no resulta como espera.

En ocasiones, estuve a punto de creerlo. Se me pasaba por la cabeza luego de las lesiones que tuve. Salado, ¿cierto? La respuesta es no. Años atrás, el tema de los problemas familiares, el incendio, la separación de mis padres, todas las peleas, mis malas notas académicas y los problemas con mis pensamientos negativos, sonaba como si hubiera tenido muy mala suerte. En la segunda operación, la de la rodilla derecha, a uno le remueven los puntos como a los 25 o 30 días. La cicatriz del ligamento cruzado anterior, cuando utilizan la técnica HTH (Hueso-Tendón-Hueso) y sacan un injerto del tendón rotuliano, queda alrededor de cinco y seis centímetros. Yo tengo una en cada rodilla. En la rodilla derecha, cuando me sacaron los puntos, aproximadamente dos meses después, yo veía que no estaba cicatrizando tan bien como la primera. Yo veía cómo un puntico negro, parecía como si fuera un vello enterrado, pero al tocarme dolía mucho. Llamé a mi tía, que es médica, y le pedí que me revisara lo que yo observaba. Mi tía me miró y se dio cuenta de que era un punto que no habían sacado. Cuando lo sacaron, ¡qué dolor! Era un punto interno como de dos centímetros que permanecía aún ahí. Luego, ya empezaba a cicatrizar mucho mejor. ¡Qué mala suerte! Yo quería era recuperarme; no me importaba mucho el tema de cicatrices.

Esto no termina acá, mi mamá me llevó al médico dermatólogo, porque se me estaban presentando unas manchas en las piernas y en la espalda. Eran como manchas rojas, con un poco de caspa, como si me estuviera escamando. Detrás de las orejas también aparecieron. Mi mamá, en unas vacaciones en Barranquilla, fue insistente en ir al médico para que me revisaran porque le causaba preocupación. Yo, a veces, buscaba en la Internet: "manchas rojas, tengo un par de brotes en el cuerpo" —no lo recomiendo a nadie—, y aparecía un sinnúmero de locuras que, por momentos, me asustaban y prefería cerrar el navegador para no mortificarme. Terminé yendo al médico dermatólogo con mi madre. Yo me encontraba todavía con una muleta de apoyo que usaba para salir a la calle, para evitar un accidente por algún tropiezo; además, el consultorio del dermatólogo estaba en un segundo piso y el uso de la muleta era lo recomendable. El médico me hizo quitar la camisa para que le mostrara mi espalda; también me quité una sudadera que tenía puesta; me revisaría las piernas. El médico miraba con su lupa: no hizo una cara no tan positiva. «Bueno, Ligia —se dirigía a mi madre—, al parecer Nayib tiene una Psoriasis. ¿Qué es esto? Es una enfermedad de la piel que causa descamación e inflamación. Viene acompañada, algunas veces, de dolor, hinchazón, calentamiento y coloración. Pasa, Ligia —continúo—, que las células de la piel crecen desde las capas más profundas y van subiendo lentamente a la superficie, son reemplazadas por quitar las células muertas; esto se llama renovación celular, demora más o menos un mes, pero esta enfermedad hace que el proceso sea mucho más rápido y se acumulen en la piel. Esto provoca manchas, parches y produce una sensación de picazón. Esto le puede dar a cualquier, pero normalmente depende de los antecedentes familiares. Esto tiene tratamiento: se controla pero es crónica, es decir, para toda la vida». Mi mamá estaba en shock. Yo, en cambio, estaba, más allá de sorprendido, molesto. Decía en mi mente: «¡Nojoda, ¿en serio?! ¡Ahora tengo esta vaina de por vida!». Estaba refunfuñando y no quería hablar con nadie, ni decirle nada al médico. Este médico era como de la familia; era una persona a la que siempre solíamos visitar. Ante el asombro de mi madre, el médico le dijo: «Ligia, estoy 99% seguro que es una Psoriasis Tiene todos los síntomas, las manchas; apunta para que tenga esto. Vamos a hacerle una biopsia de la espalda donde está una mancha para poder lograr un diagnóstico más a fondo». En el tratamiento, el médico me formuló muchas pastillas. Yéndonos del consultorio, estaba enfurecido, mientras mi mamá me decía que había que comprar las pastillas. Yo le respondí: «¡No voy a tomar nada! ¡Me importa un pepino! Yo voy a recuperarme de mi rodilla no me interesa ese poco de manchas, no me importa que se vean feas. ¡Qué carajo! Quiero jugar fútbol». Así fue: no compramos nada; yo me rehusé a tomar pastillas. Estaba siendo bastante irresponsable pero no me importaba; esas manchas, la verdad, no me afectaban, me interesaba mi rodilla.

Llegué a mi casa. Luego de estar un poco molesto, me empezó a caer un poco de tristeza al verme en mi cama, porque aún no podía caminar como quería. Empecé a pensar en todo esto que dijo el médico: la lesión, no poder jugar fútbol, un montón de cosas. Y fue ahí cuando rompí en llanto. Después declaré estas palabras: ¡Todo lo puedo en Cristo que me fortalece! (Filipenses 4:13, RVR 1960). Al día siguiente, ya me encontraba donde el médico haciéndome la biopsia en la espalda. Fue con anestesia local; ardía y dolía un poco pero no era más dolorosa que lo que había sufrido en las rodillas. Una semana después ya llegaba el resultado a la casa: un frasquito con el pedazo de piel que me habían removido. ¡Súper cool! Junto a éste, había un sobre. Por suerte mi mamá ya no se encontraba en Barranquilla. Les soy completamente sincero: no abrí el sobre nunca. Creo que lo boté. Yo seguí con mi recuperación de rodilla y ahí estaban las manchas: no les prestaba atención. Cuando mi mamá me llamaba, yo le decía que ya estaba bien. Nunca revisé los resultados. Nunca les presté atención. Con el tiempo, se fueron quitando las manchas, hasta que hoy no tengo nada. Les contaré que tanta era mi fe en que me iba a recuperar de la rodilla, que no le presté atención a esas manchas en mi cuerpo. Estaba tan positivo, a pesar de estar triste en lo que parecía negativo, que logré discernir como si no tuviera nada; estaba convencido de que Cristo todo lo podía, porque Él es mi fortaleza.

Una persona me dijo una vez lo siguiente: «Nayib, hay que verle siempre el lado positivo a las cosas». Estoy totalmente de acuerdo con él. Miren las historias de fútbol que estuvimos mirando un poco atrás; también los problemas que yo viví, y que seguiré viviendo; cada vez soy tan fuerte que las situaciones las sé manejar. Mi capacidad para ver las cosas no las miro como obstáculos, sino como trampolines. Yo podía quedarme llorando y siempre renegar por el tema de las rodillas o podía buscar la manera para poder recuperarme. Esos seis o siete meses de recuperación, en cada rodilla, me sirvieron para poder compartir con mi hermano, quien se encontraba viviendo acá en Barranquilla conmigo; también con mis abuelos maternos que se encuentran vivos y con mi abuela Mimi, que falleció en 2016, a finales de abril. Pude disfrutar el tiempo con mis amistades, pude salir, pude dormir hasta tarde, pude conocerme y madurar como persona. Hice negocios, dicté charlas estando en muletas, leí muchos libros.

No todo estaba siendo negativo, ¿sí ven? Siempre hay que analizar lo positivo de lo negativo. Hay una frase en el tema de los negocios: "En tiempos de crisis unos lloran y otros venden pañuelos". Hay que ver las oportunidades que se presentan en lo que, aparentemente, es un problema. Cuando a mí me partieron la primera rodilla, yo pensaba que era la peor maldición que me pudo haber pasado. Jamás imaginé sufrir una lesión tan grave; uno las observa en otros jugadores, unos juegan fuerte y pegan, pero nadie se imagina vivir una situación así. Hoy, mirando hacia atrás, sé que pude sacar tantas cosas positivas de todas esas situaciones difíciles que viví. Es mejor ser positivo que negativo. Ser positivo o ver lo positivo de lo negativo te va a traer mejores cosas que las que te pueden brindar estar todo el día mirando lo adverso de la vida; si te la pasas mirando lo negativo siempre, sólo encontrarás malas noticias, malos resultados, no conseguirás trabajo, no tendrás amistades; más bien, busquemos oportunidades. Lo mejor que me pudo haber pasado a mí, personalmente, fue todo este tema de las operaciones; gracias a eso he podido hacer tantas cosas y ser también un ejemplo de superación para muchos. Personas desconocidas en mis redes sociales me escribían diciéndome que no me rindiera, que les daba fortaleza. Otros más se identificaban con lo que yo vivía en las operaciones o en el fútbol; también me decían que estaban triste pero que como yo salía adelante, ellos sentían esa motivación para seguir soñando para volver a jugar.

Otro día, dictando una charla en Bogotá, cuando aún estaba en muletas y caminaba un poco lento, me encontraba con el Ministerio Tic contando mi historia: cómo me había vuelto un empresario digital siendo futbolista y cómo había sido todo este proceso. Una mujer, luego de mi charla, se me acercó a hablarme: «Yo no sé por qué terminé acá en realidad. Vi que había algo de negocios y opté por ir. Mi empresa quebró, perdí todo.

Hoy estaba por suicidarme. Iba a tomar esta decisión pero sentí que algo me dijo que viniera a este lugar y buscara respuestas. Le dije a Dios que si no las encontraba, me iba matar. Empezaron las charlas y estaba por irme hasta que vi que hablaste de fútbol; te vi bastante joven; tienes 21 años. Escuché cuando empezabas, eso hizo que me quedara. Después de tu charla, todos los pensamientos se me fueron; vi todo lo que has luchado, también oí acerca de los pensamientos que te pasaban por la mente, como matarte. Yo puedo ser tu madre, yo tengo tres veces tu edad; por eso, cuando te vi, vi a un hijo mío que tiene tu edad...». Entre lágrimas esta mujer me decía todo esto. Y continuó: «Si tú has luchado y sigues luchando, ¿por qué me voy a detener, cierto? Mi hijo es mi motivación, ¡cómo lo voy a abandonar! No puedo ser tan loca para matarme». A esta mujer le cambió el pensamiento; no voy a decir que fui yo ahora; sin embargo, Dios le dio una gran respuesta mientras escuchaba mi charla. Esta persona empezó a ver las cosas positivas de su vida, su hijo, su familia, cosas por las cuales luchar.

Doy gracias a Dios porque me ha dado la oportunidad de que muchos se me acerquen a contarme sus historias, poder decirles que hay que ser positivos siempre; enfrentar los hechos sabiendo que, de esta forma, vendrán mejores resultados. Yo vivo muy feliz porque me he acostumbrado a ver la vida conforme a mi perspectiva. Por eso, la bendición de ser positivo nos ayudará a que, en lo que parece una dificultad, veamos el mejor provecho que le podemos sacar. Si estás lesionado, ¿qué estás haciendo? ¿Estás leyendo? ¿Estás utilizando tu tiempo para otras cosas? Mira cómo puedes utilizar tu evento como trampolín para aprender y llegar a ser mejor persona. La vida, considero, se trata de arreglar problemas. Los vences o te dejas derrotar. Uno aprende mucho más en los problemas que en el éxito. Ahora bien, no te estoy diciendo que toda la vida te la pases en problemas para ser un sabio; no me malinterpretes. Una persona que ve los aparentes problemas como oportunidades, en definitiva su perspectiva y sus capacidades han crecido mucho. Le pedimos a Dios siempre que cambie las situaciones, pero nunca le pedimos a Dios que nos cambie a nosotros primero. Algunas veces las cosas pasan porque nosotros mismos tomamos caminos que no son los correctos; algunas veces, las cosas suceden porque tienen que suceder, pero tú decides qué aprendes. Yo aprendí mucho de las situaciones, demasiado; crecí como persona. Tómate un tiempo para analizar: ¿cuáles son las cosas que has hecho mal? Piensa por un instante: ¿será que algunas situaciones me han pasado por no aprender el error que cometí anteriormente? Por ejemplo, si tú eres una persona que luchas contra el alcohol, evita andar con personas que te puedan llevar a esto; ve desarrollando un carácter que te haga decir: «¡No, gracias!». Y así, luego que hayas tenido un carácter débil, digas que sí, caigas borracho, y empieces a echarle la culpa a los demás por algo que pudiste haber evitado. ¿No te parece? Pongo este ejemplo en muchas ocasiones, pero el mejor consejo que te puedo dar hoy, amigo y amiga que me estás leyendo, es: siempre, pero siempre, ve el lado positivo en las cosas negativas que hayan sido no provocadas por ti, por supuesto; y esas otras, que quizás sí provocamos, tomarlas como una herramienta de aprendizaje en la vida. Recuerda con quién puedes tomar el tiempo para compartir más, para poder contar tu historia y ayudar a otro que no se equivoque como pudiste haberlo hecho tú. La vida es linda y hay que gozársela, pero caminando en la voluntad de Dios.

Jesús nos dice: «Yo soy el camino, la verdad y la vida; nadie viene al Padre, sino por mí» (Juan 14:6, RVR 1960); sigue su camino, porque Él quiere lo mejor para nosotros.

REFLEXIÓN PERSONAL

Reflexión personal: Si te rindes cuando las cosas las ves complicadas o están difíciles, nunca obtendrás nada que en serio valga la pena. Por supuesto, que si hubiese tirado la toalla, lo más seguro es que este libro no lo estuvieras leyendo hoy, amigo, amiga. Esa reflexión personal me la tomo muy de corazón; es tan cierta, pero parece tan simple... ¡Tú sí puedes! ¡No te detengas! ¡Con toda! Dependiendo del ánimo como digas estas frases determinarán de cierta manera tu actitud ante la vida.

Una vez me encontré con un amigo, quien jugaba en la Semana Fútbol —juegos de fútbol que concertábamos en la semana, pero que se realizaban los miércoles— con nosotros, pero que no había podido ir porque se encontraba enfermo. Me preguntó: «Oye, Nayib, en el partido de fútbol que jugaron entre los muchachos por diversión, ¿cómo les fue?». Le respondí: «¡Ganamos!» «¿!SI!? ¿No perdieron 10 a 0?», preguntó con incredulidad. «¡Sí, ganamos experiencia!», respondía yo. Si comienzas a pensarlo bien, a pesar de que perdimos el partido, ganamos experiencia para el próximo que íbamos a jugar la semana entrante.

Piénsalo bien antes de rendirte. Yo estoy convencido de que Dios no quiere eso para ti.

EL TIEMPO DE DIOS ES PERFECTO

Capítulo 15

Desde muy pequeño he escuchado la frase: «el tiempo de Dios es perfecto». ¿Has oído esto? ¿Se lo has dicho a alguien? ¿Tú mismo te lo has dicho? He venido escuchándolo, desde muy corta edad, y lo he mencionado en varios momentos. Pero un día me hice una pregunta: Si el tiempo de Dios es perfecto, ¿cuándo es el tiempo de Dios? ¿Cuál es? ¿Cuándo Dios hará eso que esperamos? ¿Será que no estoy haciendo las cosas en el tiempo de Dios? Les confieso que, en mi vida, en el momento en el que más lo escuché fue en mis cirugías. Aproximadamente, como he dicho, mi primera cirugía tuvo un tiempo de recuperación de siete meses, que son 210 días, o 5.040 horas, 302.400 minutos y en segundos —según lo que la calculadora me está mostrando (no una científica: es mi celular)—, 1.8144e+7. No soy bueno en las matemáticas, pero es de suponer que es demasiado. ¡Increíble! Hoy miro hacia atrás y veo todo ese tiempo que pasó; parece como si se hubiese ido rápido. Ahora la segunda operación, en total, incluyendo las cancelaciones y demás, hasta la recuperación fueron ocho meses. Estos ocho meses son 243 días aproximadamente, que en horas son 5.840; en minutos, 350.400; y en segundos, 2.102e+7. Si esperé siete meses, en primer lugar, ocho es sólo un poquito adicional, nada más. ¡Esperen, esperen! No sólo fueron siete meses y ocho meses, fueron 15 meses porque todo esto pasó de seguido; me operaba de una rodilla, me recuperaba, ya estaba entrando después de haberme recuperado para la otra, cancelaciones, y hasta que por fin me operaron. Bueno, entonces sigamos con las matemáticas, profesor Nayib: 15 meses son 456 días, lo cual en horas equivale a 10.950, en minutos son

657.001 y, para finalizar, estudiantes, 3.942e+7 en segundos.

Ahora que me volví un genio en las matemáticas

—gracias, iPhone, por la ayuda—, analizo todo esto de los días, minutos, segundos... yo no recuerdo todos esos días y minutos que viví, o los segundos que pasaron. Hoy sé que lo superé, pero que fueron muchos momentos en los cuales los días se me hacían eternos y que no veía la hora en que ya todo esto pasara. Menos mal que no me había vuelto un genio en las matemáticas como ahora, o que tampoco no tenía el iPhone para sacar estos cálculos porque me hubiese vuelto loco en serio. ¿No les parece? Especialmente, si me hubiese puesto a contar el tiempo aproximado de recuperación de las cirugías en segundos, hubiese llegado a la parte de segundos en donde es e+7, y ahí sí que estaría muy perdido en el tiempo de Nayib o en los cálculos del sabio matemático. ¡Aleluya, Dios, por no haber hecho esto!

Varias veces, durante mi vida, me he preguntado cuál es el tiempo de Dios. Uno de mis líderes, William Ortega —de cariño, Durry—, una vez dio una charla acerca de este tema. Nos habló sobre la diferencia del Tiempo de Dios y el tiempo de nosotros, los seres humanos. Comentaba que en el griego, el Tiempo de Dios es llamado Kairós; mientras que Cronos tiene que ver con el tiempo de nosotros, los seres humanos.

Kairós: Momento adecuado u oportuno (Tiempo de Dios).

Cronos: Tiempo o periodo determinado (Tiempo de seres humanos).

Durry nos comentaba que nuestros tiempos no son iguales que los de Dios porque los de Él son mucho mejores que los nuestros. El de Dios es perfecto.

Luego de esta charla de mi gran amigo y líder, empecé a introducirme más en esto y encontré en la Biblia lo siguiente que aparece en Eclesiastés 3:11: *«Dios hizo todo hermoso en su momento, y puso en la mente humana el sentido del tiempo, aun cuando el hombre no alcanzara a comprender la obra que Dios realiza de principio a fin»* (NVI).

Vamos a entender esto con calma: «Dios hizo todo *hermoso en su momento* [...]» El mismo Dios todopoderoso hizo, en el momento oportuno, todo hermoso. Él podía hacer todo de una vez, pero por alguna razón no lo hizo, ¿cierto? Esto me lleva a recordar la primera cirugía para poder contarles una historia y así entrar a hablar del tiempo perfecto de Dios.

Antes de que me operaran la primera vez, el doctor me dijo: «Nayib, un deportista de alto rendimiento se recupera o está entrando a la actividad profesional en unos seis o siete meses. Todos los cuerpos son diferentes, pero tu edad te ayudará mucho; eres joven, te recuperarás más rápido también». Luego, estando operado, habían pasado casi tres meses y estaba avanzando muy bien; estaba haciendo muchas terapias; me lo estaba tomando muy en serio.

—Querido Nayib, ya estás en un momento vital de la recuperación —me dijo el médico—. Aquí es cuando tienes que tener mucho cuidado.

—¿Por qué, doctor? —pregunté.

—Déjame explicarte, Nayib, qué es lo que sucede

—prosiguió—: esta cirugía es delicada; ya vas a entrar a los tres meses y es el momento cuando el injerto, que te puse para reemplazar el ligamento cruzado anterior que se te rompió, se va a ir adaptando a tu cuerpo y a tu rodilla. Vas a pasar por un proceso de colágeno que inició desde que lo inserté allí. A los tres meses, el injerto estará donde cumple con las funciones específicas; y como ya en ese momento te sentirás mejor, podrás caminar bastante bien, la flexión de la rodilla estará avanzando; creerás que estás completamente bien, pero es de los momentos más delicados, porque puedes maltratar el injerto si te llegas a sobrepasar de entreno, de fuerza, etcétera. Tienes que tener paciencia.

—¡Doctor, pero he avanzado muy rápido! Dios me está ayudando para que así sea. Mire, mire, cómo voy —le decía al doctor.

Estaba cargado de un poder espiritual, ¿cierto que sí? Pero, en realidad, yo estaba equivocado con lo que decía de cierta manera.

—Nayib, te felicito. Vas muy bien, pero tienes que tener tranquilidad, tienes que cumplir con el tiempo para que la cirugía sea un éxito. Por ahora vas excelente; sigue así, pero no te desesperes.

El doctor me dijo algo que me dejó con la boca cerrada:

—Nayib, imagínate que vas a comprar un árbol. Cuando lo compras empiezas a regarle agua. ¿Eso está bien?

—¡Claro, doctor: el árbol necesita agua!

—Ahora bien, ¿qué pasaría si no riegas el árbol con agua?

—Pues se puede morir el arbolito —respondí.

—Excelente. Pero te hago una pregunta para finalizar: ¿qué pasa si riegas el árbol durante todo el día?

—¡Crecerá más rápido, doctor! —repuse.

—No, Nayib —afirmó—: se puede ahogar. Así como hay que echarle agua al árbol, igual tú tienes que ir al gimnasio, hacer terapias para que tu rodilla evolucione o crezca para bien. Pero si te pasas, es decir, si entrenas todo el día, si le echas mucha fuerza, puedes dañar el kairós de la rodilla (el doctor no dijo Kairós pero sí «el tiempo de la rodilla»).

El momento oportuno para encontrarme bien eran, como he dicho, de seis a siete meses. El doctor afirmó que todo los cuerpos son distintos, pero que el promedio era el que mencioné para un jugador de alto rendimiento. También me dijo que no sería sino hasta el año cuando algunos dolores se irían, y me iría adaptando a que jugara y tuviera molestias; era un proceso de adaptación lleno de mucha calma. Esto que comentó el doctor me bajó un poco los ánimos porque, realmente, estaba entrenando con mucha energía. Sin embargo, él solo quería lo mejor para mí y que se garantizara lo realizado en la cirugía para que no ocurriera otra vez.

Volvamos a *Eclesiastés 3:11*: « *[...] y puso en la mente humana el sentido del tiempo, aun cuando el hombre no alcanzara a comprender la obra que Dios realiza de principio a fin*» (NVI). Dios nos dio la ocasión de estar apercibidos del tiempo; sin embargo, al detallar lo que dice acá, sin duda, no alcanzaremos a comprender o entender el tiempo de Dios de principio a fin. Por más que tratemos de saber qué pasaría en un futuro, algunas cosas se nos pueden salir de las manos; y es ahí es cuando queremos creer que todo lo podemos realizar y está a nuestro alcance. Por ejemplo, yo trataba de recuperarme y daba lo mejor de mí, pero había que esperar los meses *obligatoriamente*. Esto hoy me da risa, aunque en ese momento me desesperaba de una manera impresionante. Por más que tratara de levantarme más temprano, de afanarme, tenía que respetar el momento oportuno de la adaptación del injerto que había recibido, a fin de que el cuerpo se adaptara. Tuve que esperar 15 meses porque era el tiempo perfecto para estar "bien", pero no sólo fueron 15 meses: fue un poco más: yo jugaba con dolores, luego llegaba a la casa con las rodillas un poco fatigadas, pues tenía algo nuevo que estaba reemplazando lo viejo que se había roto. Bueno, en realidad, eran los injertos nuevos que me habían puesto en ambas rodillas.

Proverbios 19:2 dice: «*El entusiasmo sin conocimiento no vale nada; la prisa produce errores*» (NTV). ¿Están leyendo? Yo estaba entusiasmado —supremamente entusiasmado—, porque me encontraba operado; no obstante, no tenía un conocimiento preciso de lo que era el tiempo de esperar, de adaptación, de colágeno, de nervios. Mi doctor claramente lo sabía, porque es su especialidad; eso fue a lo que se dedicó.

Tener prisa, querer entrenar en el gimnasio todo el día, tomar cualquier proteína para "estar más fuerte", tantas cosas que pude haber hecho y que incluso hice. Si hubiera seguido mi conocimiento, mis tiempos, mis afanes, mi entusiasmo, lo más seguro es que alguno de los injertos se hubiera roto otra vez. A veces nos pasan cosas por la terquedad, ¿no les parece? Como cuando mi madre me decía: «Nayib, no juegues con eso. Nayib, se puede partir… ». ¡¡¡PRA!!! Se escuchaba el grito: «¡¡¡NAYIB SAID!!! Te lo dije: el que no oye consejos no llega a viejo».

Doctor, me encuentro bien, gracias. Perdón porque ciertas veces no le hice tanto caso, pero aprendí.

Estuvimos hablando de nuestro crack colombiano Radamel Falcao García, el "Tigre Falcao". Es interesante ahora que andamos hablando sobre el tiempo oportuno con respecto a su recuperación de rodilla posmundial. Falcao dio lo mejor de sí para recuperarse, pero luego se producían lesiones musculares, dolores; tuvo momentos bien complicados nuestro guerrero, el Tigre. No obstante, ¿será que esto se debió por acelerar las recuperaciones? En otras palabras, todo estos dolores musculares, lesiones y demás, ¿se produjeron por intentar apresurar la recuperación y sobrecargar su cuerpo? No lo sabemos del todo.

En el fútbol se ve con frecuencia este tipo de situaciones; por ejemplo, uno de los grandes jugadores, Thiago Alcantara —un español que, personalmente, en mi apreciación, es un mago, tiene una técnica fabulosa, una calidad para jugar impresionante— también pasó por momentos complicados de lesiones de rodilla comprometidas con los ligamentos cruzados. También leí que Pep Guardiaola, en ese entonces técnico del Bayern Munich, dijo: «Tal vez fue un gran error», al hablar de Thiago. Pep comentaba que pudo equivocarse al autorizar un tratamiento de cortisona en España, en contra de la opinión del departamento médico del club. Después de todo esto, cuando ya estaba por regresar, se volvió a romper por tercera vez el ligamento en un entrenamiento. Unas fuentes dicen —pero no son confirmadas— que esta recaída pudo haber sido por el exceso de cortisona durante el tratamiento del jugador. No podemos asegurar con certeza; sin embargo, como futbolista te puedo afirmar que a veces nos infiltramos 2 para recuperarnos o tapar los dolores, sólo por jugar un partido o por estar bien. De igual forma, es un trabajo y nadie quiere perder la camisa; nadie quiere perder el dinero, y poner en riesgo muchas cosas como la carrera deportiva.

A pesar de todo lo que digo, no creo que solamente los futbolistas somos así, sino también otras personas, en ciertos ámbitos de la vida. Queremos tomar de 2 Cuando hablamos de infiltrar, nos referimos a inyecciones que se realizan, ya sea de corticoides o de otro medicamento, para aminorar el dolor y seguir jugando. Esto puede ser perjudicial si no se hace de manera responsable y con asesoría médica (nota del editor). descisiones apresuradas a cada rato. Estamos viendo en qué gastarnos el dinero, buscando algo para llenarnos. Transitamos de una relación afectiva a otra. ¡Queremos controlar el tiempo! En realidad queremos controlarlo todo, pero *no podemos*. Algunas cosas sí, pero no todo lo podrás tener en control; Dios sí tiene el control de todo.

> *«Así que no se preocupen por el mañana, porque el día de mañana traerá sus propias preocupaciones. Los problemas del día de hoy son suficientes por hoy»* (Mateo 6:34, NTV). Estas palabras son como si Dios me dijera: «Nayib, tranquilo, entrena todos los días, pero no te afanes por recuperarte rápido. No te preocupes por el entrenamiento de mañana; dale con toda hoy, pero no dejes de planificar; hazlo sin estar preocupado». Ahora veamos otro pasaje acerca del tiempo de Dios: *«Quédate quieto en la presencia del Señor, y espera con paciencia a que él actúe. No pierdas los estribos, que eso únicamente causa daño»* (Salmos 37:7-8, NTV).

En esos 15 meses pasé momentos en los cuales no quería ni siquiera hablar. Quería que los días pasaran rápido. Estaba rabioso y respondía con hostilidad a las personas cuando me hablaban. Estaba perdiendo los estribos. Qué raro estaba siendo por no tener un carácter paciente; incluso, estaba frustrándome y, por momentos, cansado y decepcionado. No obstante, luego disfruté el camino y descansé en el Señor, lo cual significaba que yo actuaba en lo mío, en mis terapias, en mi recuperación, en disfrutar del día a día, compartir con mis amigos que estaban y no con los que no estaban; y Dios se encargaba de actuar por mí, y a través de mí, en mi fe, en mi carácter, en mi paciencia, en todo. Maduré tanto en este proceso. No sé por lo que puedas estar pasando, pero sí estoy convencido de que disfruté del día a día, sin dejar de planificar, pero poniendo mi confianza en Él para tomar decisiones en el momento justo; saber cuándo decir que *sí, cuando decir que no, y cuando decir no es el momento.*

Algunas preguntas que te puedes hacer, son: ¿qué crees que Dios está intentando enseñarte mientras parece que no funcionan las cosas? ¿Qué has aprendido o qué has mejorado en ti en este momento?

Le doy gracias a Dios por todo lo que pude conocerme en este tiempo; también por todas las personas que me ayudaron en este proceso personal, espiritual y empresarial. Me alegra que hayas estado leyendo todo este libro y que conozcas todo lo que Dios ha hecho en mi vida y que está haciendo en ti desde que empezaste a leerlo. Fue una aventura todo esto, pero hemos llegado hasta aquí. Seguiré aprendiendo. Estoy convencido de que tú también lo harás. Empieza a disfrutar al máximo tu vida; esa vida que Dios quiere para ti desde antes de que nacieras. Mete muchos goles en tu vida, o tapa muchos penaltis también; dirige y analiza muchos juegos en los que estarás siendo técnico, pero nunca dejes de jugar. El dueño del equipo es Dios y tiene un reloj, y Él siempre saldrás en tu favor si juegas de su equipo. Dios te desea lo mejor y yo también.

«Quiero escribir un libro», me dijo. Yo lo había visto muchas veces en la comunidad donde compartíamos, de vez en cuando, una silla; de ahí, más nada: no tenía idea del nombre, lo que hacía al presente, o qué le gustaba. Ese día hablamos un poco más de la cuenta. Me contó —como suele hacerlo— una historia llena de cosas buenas, pero no de facilidades; era claro que él tenía algo que decir; o, más bien, algo por inspirar. Yo tenía un imaginario distinto. Creo que se lo dije: no pensé que emprendiera en la forma en que lo hacía, o que había vivido procesos de desánimo profundos que, en últimas, lo catapultaron a victorias mejores. No, no sabía nada de eso. Su historia parecía ser necesaria contarla.

Al llegar a este punto del libro me queda agradecerle a Nayib por la ocasión de, en primer lugar, compartir su historia, y, en segundo término, hacerme parte de la misma. Yo viví su historia en cada línea que escribió y que juntos reconstruimos para traer este fin. Cada frase fue cuidada, revisada, debatida y leída con entusiasmo para que no se diluyera la meta para lo cual se ha escrito este texto. Me queda agradecer, por supuesto, a cada persona que saca tiempo para leerla; es de ustedes también quienes encuentran, no solo una narración de vida, sino hechos que inspiren hacia la transformación propia y la de los demás.

El gran mensaje de Amor es el Propósito reza en su propio nombre: el amor. El amor que es encontrado en nuestras familias, amigos, socios, que nos impulsa a seguir adelante en los planes; y el amor que se halla en Dios, que nos determina en los pasos firmes para seguir confiados del futuro que se vislumbra. Queremos, al final de todo este libro, que cada quien haya podido descubrir esa clase de amor que es motor de propósitos; ese amor que nos permite continuar a pesar de los obstáculos y que ve más las oportunidades que los fracasos.

Fue una gran aventura escribir este libro, y es, de igual forma, una alegría inmensa llegar aquí, con el deseo de poder encontrarnos otra vez próximamente. Amor es el Propósito es, sin duda, la historia de todos aquellos que saben que Dios tiene un plan más allá del dolor y del sufrimiento momentáneo.

Gracias.

www.ingramcontent.com/pod-product-compliance
Lightning Source LLC
Chambersburg PA
CBHW020959160726
47994CB00006B/2301